慢得刚刚好的生活与阅读

教孩子学整理

从 收拾玩具 到 管理自己

蚂小蚁 著

化学工业出版社

·北京·

家是孩子成长过程中最重要的环境。空间的布置能否给孩子提供足够的安全感？怎样教孩子管理自己的物品？如何培养孩子主动收拾的习惯？这些又会如何影响孩子的成长与心智发育？本书是一本教孩子学整理的实操指南，唤醒被忽视的生活教育。书中涉及10个儿童空间整理技巧、11类儿童物品收纳详解、20个一学就会的整理法则、25个充满创意的分龄整理游戏、6个让生活秩序化的整理清单，帮助孩子告别慢腾腾与乱糟糟，习得受益终生的能力。

图书在版编目（CIP）数据

教孩子学整理：从收拾玩具到管理自己 / 蚂小蚁著. —北京：化学工业出版社，2020.5（2023.1重印）
ISBN 978-7-122-36323-7

Ⅰ. ①教… Ⅱ. ①蚂… Ⅲ. ①自我管理 - 儿童教育 - 家庭教育 Ⅳ. ① G781

中国版本图书馆 CIP 数据核字（2020）第 034887 号

责任编辑：张　曼　刘桂云　　　　　内文设计：梁　潇
责任校对：宋　玮　　　　　　　　　封面设计：尹琳琳

出版发行：化学工业出版社（北京市东城区青年湖南街13号 邮政编码100011）
印　　装：北京瑞禾彩色印刷有限公司
710mm×1000mm　1/16　印张 14 ¾　字数 300千字　2023年 1月北京第1版第5次印刷

购书咨询：010-64518888　　　　　　售后服务：010-64518899
网　　址：http://www.cip.com.cn
凡购买本书，如有缺损质量问题，本社销售中心负责调换。

定　价：68.00元　　　　　　　　　　　　　　　　　　版权所有　违者必究

自 序

沙发上堆满衣服，茶几被绘本占领，抽屉翻了个底朝天，从客厅到卧室的地面上，散落着各种玩具汽车、积木、洋娃娃，还有涂涂画画的纸……如果家里有个小宝宝，那你对这样的场景，一定不会感到意外。

以前单身贵族或者二人世界的时候，家里是非常整洁的。自从有了孩子，才体会到什么叫作乱。这边刚刚摆整齐，那边孩子就开始乱扔，只能一直跟在屁股后面收拾。

"怎么把玩具弄得到处都是！""你的屋子太乱了！""赶快收拾一下！"妈妈的嗓门越来越大，但孩子就像什么都没听到一样，只顾着自己玩耍。每当这个时候，妈妈也只能在心里默念一百遍"亲生的，亲生的，亲生的"，忍住想要揍他一顿的想法，自己默默地去收拾。

真想把东西全都锁在柜子里不许拿，把那个小东西捆在椅子上不许动呀！

孩子这个角色的加入，恐怕是我们大多数人生活当中最大的变化之一了。他们一天天长大，对生活的需求和他们自身的能力也一天天在变化着。但在整理这件事情上，我们却很少采取积极的行动去拥抱和适应这些变化。

家，是孩子成为他自己的过程中最重要的环境。空间的布置是否能给孩子提供足够的安全感？是否能给他带来舒适的生活体验？他会如何去使用家里的各种物品？又会如何去管理这些物品？父母的做法会对他产生什么样的影响？最重要的是，这些事情最终会如何影响孩子自身的成长和心智发育？

在我们成为父母的那一刻，也许并没有认真思考过这些问题。

当孩子的物品越来越多，他们开始在屋子里乱跑，把玩具扔得满地都是的时候，我们要做的绝不仅仅是想尽办法把这些东西通通收起来、摆整齐而已。

每个小朋友都是带着秩序感来到这个世界的，他们喜欢住在整齐的房子里，也具备管理它的能力。只要我们调整外部环境，把那个本没有孩子的家，变成一个让孩子喜欢、对孩子成长有益的家；用他们更容易接受的方式去沟通，把原来大人们用的那些整理方法，变成孩子也能做得到的方法。这样，有了孩子的家也可以不用乱糟糟，即使是蹒跚学步的小朋友，也能学会如何去维持它的整洁。

我从事的是整理收纳咨询师的工作，同时也是一个五岁男孩小九的妈妈。小九在我身边的这几年，也正好是我在整理师的职业方向上探索和发展的几年。

来我们的整理课堂上学习的，大部分都是成年人，有的甚至已经四五十岁，自己的孩子都长大成人了，还在跟周遭的混乱苦苦斗争，与自己的空间和物品无法和谐共处。无论是工作还是生活中，井井有条的秩序感都是他们一直求而不得的东西。最后不得不花时间来学习相关的课程，或者请求专业人士的帮助。

我常常想，如果从他们出生的那一刻起，就能生活在一个井然有序的环境里，如果从很小的时候开始，父母就能教会他们如何用"整理"这样的工具去应对身边纷繁复杂的一切，也许现在他们就不会有这样的困扰了，甚至整个人生都会变得大不相同。

整理的意识，要从孩子开始培养。

当我意识到这一点之后,就把工作的重心放在了教孩子学整理的领域。所以你现在看到的这本书,其实两年前就开始动笔了。我一边写,一边和我的孩子在家里实践,同时也和我的客户在他们的家庭里实践。我也陆陆续续开设了各种教孩子学整理的课程,拿到了日本JALO协会亲子规划整理师认证,目前在中国规划整理塾担任协会的亲子规划整理培养课讲师。

"有了孩子的家还能整洁有序吗?"

"孩子有能力学会管理自己的物品吗?"

"学习整理的孩子会更优秀吗?"

我可以很确定地回答你,这些答案都是肯定的。

在这本书中,我将和大家分享自己在家庭育儿及整理咨询服务案例中总结出来的教孩子学整理的心得。其中借鉴了皮亚杰、阿德勒、蒙台梭利、孙瑞雪等享誉中外的心理学家及儿童教育专家的理念,来了解不同时期孩子的思维和行为发展特点。我的儿子小九、和我一起整理儿童房的小客户们、许多整理师朋友家的小宝贝们,也为本书贡献了许多真实而又生动的案例。

养育孩子,就是去协助一个生命完成自我成长的过程。在教孩子学整理这个全新的领域,并没有一套放之四海皆准、对所有孩子都有效的标准答案。但我相信,看完这本书的你,一定能找到些立刻就可以去做的事情,为孩子的成长添加正向的助力。

目 录

第 1 章　　教孩子学整理：被忽视的生活教育

　002　　比学区房更重要的是整洁的家
　003　　在孩子心里建立与"家"的深深联结
　005　　请保护孩子对家务的原始热情
　007　　比做家务更重要的是自我管理的能力

第 2 章　　认识差异：孩子学整理和大人的不同之处

　013　　秩序是孩子的天然需求
　014　　模仿是孩子的学习模式
　016　　孩子的能量很小，阻力也很小
　018　　孩子是成长中的个体
　022　　为孩子打造有秩序的外部环境
　025　　亲子整理的进化路径

第 3 章　　空间规划：在喜欢的房间，才有行动的动力

　029　　建立属于孩子的"私人领土"
　033　　孩子的分龄空间需求
　036　　儿童房的三区划分
　038　　蹲下来才能看懂孩子的世界
　043　　足够的安全和安全感同样重要

047	孩子喜欢看得见摸得着的收纳
049	收纳工具越简单越好
052	选择能陪孩子一起成长的家具
055	有趣比整齐划一更重要
056	建立一个全家人都喜欢的空间

第 4 章　物品收纳：更友好的方法，才能更轻松地维持

062	衣物配饰
070	书籍绘本
075	学习资料、文具和书桌
080	玩具
093	手工材料和作品
096	大件物品和运动器材
099	生活杂物
105	亲子旅行物品
110	亲子照片
115	新生儿物品
119	两个孩子的物品

第 5 章　　　**引导法则：感受更愉快，行动才更积极**

127　　　法则 1　父母的角色随着孩子的成长而变化

130　　　法则 2　简单指令，直接示范

131　　　法则 3　阶梯式增加难度

132　　　法则 4　让孩子完成最后一个动作

133　　　法则 5　不打断玩耍

134　　　法则 6　不随意改变物品的位置

135　　　法则 7　谁用谁整理

137　　　法则 8　多用自然约束

139　　　法则 9　体验自然后果

140　　　法则 10　给孩子适当的选择权

142　　　法则 11　故意犯错

143　　　法则 12　符合孩子的思维特点

144　　　法则 13　用提问代替回答

145　　　法则 14　用建议代替制止

147　　　法则 15　用感谢代替称赞

148　　　法则 16　用排序代替取舍

150　　　法则 17　用"四分法"做决定

153　　　法则 18　温柔地告别

154　　　法则 19　过程比结果更重要

156　　　法则 20　玩的时候就是乱糟糟的

第 6 章　　　　　**增添趣味：游戏让整理更快乐**

162　　　　　游戏 1　　领地牌
163　　　　　游戏 2　　赶走入侵者
164　　　　　游戏 3　　分豆子
165　　　　　游戏 4　　玩具分类
166　　　　　游戏 5　　脏衣服收集器
167　　　　　游戏 6　　吃垃圾的怪兽
168　　　　　游戏 7　　夹娃娃机
169　　　　　游戏 8　　送玩具回家
170　　　　　游戏 9　　看谁投得准
171　　　　　游戏 10　　小分队集合
172　　　　　游戏 11　　同一首歌
173　　　　　游戏 12　　我的理想房间
174　　　　　游戏 13　　空间地图
175　　　　　游戏 14　　宝藏地图
176　　　　　游戏 15　　寻找宝藏
177　　　　　游戏 16　　整理工程公司
178　　　　　游戏 17　　藏宝比赛
179　　　　　游戏 18　　宝贝口袋
180　　　　　游戏 19　　超市购物
181　　　　　游戏 20　　玩具几岁了
182　　　　　游戏 21　　乱糟糟时间

	183	游戏 22　数量表格
184	游戏 23　抽签分工
185	游戏 24　进一出一
186	游戏 25　面包叠衣法

第 7 章　习惯升级：从整理中学会自我管理

	189	清单 1　进门整理——建立明确的界限感
191	清单 2　次日物品——提前准备优于临时挽救
193	清单 3　生活日程——时间也需要被管理
198	清单 4　制定计划——有条理才能更从容
204	清单 5　我的梦想——做自己的主人
206	清单 6　节日安排——投入生活的仪式感

第 8 章　送给妈妈：和孩子在生活中一起成长

	210	给孩子一个美好的背影
212	当个慢半拍的"懒妈妈"
214	妈妈的时间管理之道
218	究竟是谁有了困扰呢

第 1 章 教孩子学整理：
被忽视的生活教育

比学区房更重要的是整洁的家

一提到良好的成长环境,很多父母想到的第一件事都是买个学区房,让孩子接受最好的学校教育。

在被家长们趋之若鹜的名牌学校学区里,我们却常常看到这样的场景:窗户上堆着囤积的杂物,楼道里常年放着各种杂物纸箱,门把手上挂着瓶瓶罐罐和塑料袋,院子里的空地上堆满了各家各户用不上但又扔不掉的垃圾……

孩子听完了全市最厉害的老师们的课,从全市最厉害的小学放学,然后穿过院子里那一地没人要的垃圾,打开挂着一袋空瓶子的家门,回到堆满了快递纸盒和各种包装袋的家,推开堆满桌子的杂物,开始学习……我想,这一定不是我们当初"倾家荡产"买学区房想要带给孩子的生活。即使他将来考上了顶尖大学,收入颇丰,但是心里却始终有一片空白:住在一个舒服整洁的家里是什么样的体验呢?

我们一门心思想着要给孩子一个更优质的学习环境,却忽略了孩子真真切切要在其中度过每一天的家庭环境。

常常会有人说"我就是喜欢乱",但是在真正的整理完成后,他们却兴奋地表示:

"我终于体会到整洁的家有多舒服了,以前回来就乱扔,现在不忍心破坏,还常常想着怎么让它变得更美。"

"以前周末都是出去玩,现在就想待在家里。"

"旅行回来,就立刻会把行李归位。"

在真实感受到方便与舒适之后,谁都不想再回到乱糟糟的过去。环境的改变反过来影响了他们的行为,让他们甘愿为之做出改变。对成年人来说都如此,对尚未完全开启心智的孩子们来说,这种影响就更明显了。

富养孩子，不仅是在房间里堆满各种玩具和书本，也不仅是满世界旅行的博闻广识，还要关注他内心对于生活本身的理解。

我们也许无法保证每个孩子最后都能做得很好，但至少可以让他们知道"什么是好的"，知道这美好的一切是完全可以实现的。

在孩子心里建立与"家"的深深联结

回想我自己的童年，脑海里反复响起的是父母跟我说："你只要管好学习就好，其他的事情都不用操心。"

那个时候还是单周末，我每个星期唯一的休息日是在上午学奥数，下午学弹琴中度过的。平时在家里，我什么都不用干，衣服随便脱，东西随便放，吃饭的时候往桌子前一坐，盛满饭的碗和热乎乎的菜就摆在眼前，吃完把碗筷一扔，回自己书桌前学习就行了。

有一天，爸爸妈妈突然开始在暑假给我安排家务劳动。每天他们去上班，我自己待在家里，除了要完成作业，还要在他们下班回家之前擦好凉席，把地板拖干净，自己洗完澡，洗完衣服，提前煮好全家晚餐喝的粥。

直到现在，我依然能清楚地记得那时的画面：

朝着阳台地砖泼上一盆水，水汽在南方烈日的余威下蒸腾而上，带走了屋子里的闷热，我知道，这能换回一家人整晚的清凉；在大米里撒上一把绿豆，听着小火咕嘟咕嘟把它给熬成粥，我等着，那是我和爸爸妈妈三个人共享的晚餐；把自己换下来的衣裤搓洗干净，晾晒在阳台上，把昨天晒干净的衣服收好，叠进衣橱里……

父母很少因此而夸我，但是对我来说，这一切比考一百分更令我满足。我开始觉得自己真正成为了这个家的一员,自己是被需要的,是不可或缺的。从那时起我就慢慢体会到,我对家的每一次细心打理,都会让我的心灵变得清爽通透,只要花一点点的时间去给物品归位,去清洁打扫,它就会是我疲惫时给我以抚慰的港湾。

我的孩子,不过是芸芸众生中的普通一分子。但是,我希望无论他将来是住着几百平方米的大别墅,还是挤在几十平方米的小房间里,都会用一颗认真的心去对待生活。即使一个人生活,也会好好吃饭,好好休息,把自己的物品管理得井井有条,把自己的空间打扫得干干净净。而不是回到家,衣服背包乱扔一地,点个外卖,刷着手机,躺在一堆杂物里消磨时光。

无论将来走到何处,当他推开家门时,那里都会是一个能够给予他支持和疗愈

让家成为能够给予孩子支持和疗愈力量的空间

力量的空间，是不依托于任何外在条件的，让他的内心安如磐石的存在。

请保护孩子对家务的原始热情

我的孩子在不到一岁的时候，就开始上早教班的课程了。等到他两岁的时候，我突然陷入了焦虑：这么多课程，英文、数学、艺术、体能、思维……我究竟应该让他学些什么？

我开始在网络上搜索，无意中看到一组关于中美儿童成长教育的对比。美国的孩子从 1 岁开始，就练习自己扔尿布、扔垃圾，练习整理玩具、铺床、摆餐具，等到再大一些，就学着自己做简单的饭，甚至帮助家里完成修剪草坪、换灯泡、擦玻璃等家务了。

而我们的孩子，1 岁是各种培训班，3 岁是各种培训班，7 岁、10 岁……一直都是上课、上课、上课！每到周末和暑假，他们就被爸爸妈妈送到各种课外班，跟着老师学习技能，学完一个，再叫上坐在外面刷手机的爸爸妈妈，一起奔赴下一个课堂。

我们以为，只要孩子英文好、数学好、会弹钢琴、会下棋，将来就能在社会的激烈竞争中找到自己的一席之地。但仅仅是掌握了知识本身，就可以帮助我们的孩子过好他的一生吗？

我经常听到家里的长辈们在一起讨论说"孩子连换被套都不会""天天吃外卖""家里乱得下不去脚"……这样的担忧让他们在家里坐立不安，有的干脆直接搬到孩子附近去住，继续像孩子小的时候那样，帮他们去做这些事情。而他们嘴里的这些"孩子"，其实很多都已经成年，甚至已经结婚，有了自己的家庭和自己的孩子了。

真的是这些"孩子"们不愿意做吗？

揉面做馒头，也可以让小朋友帮忙

其实你也许早就发现，自己家的宝贝对爸爸妈妈手里的扫把，比对小汽车洋娃娃的兴趣更大；当我们揉面包饺子时，他们会立刻跑过来跃跃欲试；我们把物品摆放整齐的时候，他们也会装模作样地学起来。

这个时候，你是否会因为怕他搞破坏，或者觉得这不是他应该关心的事情，就阻止说"快去玩你的玩具吧"，或是"快去做作业吧"，把他从家务活动中赶走呢？

孩子明明是对这一切充满了原始的热情呀！是父母选择了无视和拒绝。

很多孩子等到上中学、上大学之后，依然对整理这件事一无所知。翻开他的书包，可能上个学期的试卷还塞在里面；进入他的房间，各种衣物、书籍都乱成一团。有的孩子虽然自身充满了意愿，总是很努力地去整理自己的物品，却发现过不了多久东西又乱了，不得不重新收拾。他们坚持用一些无效的，甚至是有点儿笨拙的方法，在这件事情上浪费了大量的时间。

没有人教过他们科学的方法，也没有人给过他们机会去尝试。

著名儿童心理学家皮亚杰说："认识是由行动得来的。"管理好自己的物品，就像吃饭、喝水、穿衣服一样，是属于自我功能的一部分，是孩子们只要稍加练习就能获得的能力。但很多父母把这些事情从孩子手里抢走，剥夺他们思考和动手的机会。就像给不爱吃饭的孩子喂饭、催促磨蹭的孩子不要迟到一样，把本来属于孩子的自我功能强制外包，最后的结果就是孩子自身能力的缺失。

比做家务更重要的是自我管理的能力

我们身边的很多父母是忽视、甚至是鄙视孩子参与家务的。有人说，家务不用学，只要孩子把书念好，将来能赚钱就行，再不行就直接给他很多钱，到时候请阿姨保姆来做这些事情就好了。

哈佛大学对400多名少年儿童进行了20年的跟踪调查发现，从小就善于做家务的孩子和不做家务的孩子相比，失业率是1∶15，犯罪率是1∶10，收入高出20%，家庭生活更美满，心理疾病患病率更低。也就是说，是否从小参与家务，不仅体现在孩子的生活能力上，也会在很大程度上影响他将来的职业、收入、健康、家庭，乃至整个人生的发展。

我们从小到大，在课堂上学到了无数具体的"知识"，但长大成人之后，对于那些知识本身，大部分早都忘得差不多了。最后留下来的，是那些用来学习知识的工具、方法、态度，是观察力、判断力、执行力、动手能力、自律能力、社交能力等已经内化的自我管理能力。

它们就像隐藏在冰山下的部分一样，并不像弹出一首好听的曲子、背诵几百首唐诗、画一幅漂亮的画那样显而易见，也不能通过什么考试来打分。但正是这些看不见的能力，帮助我们在走出学校、离开父母之后，实现一个又一个新的目标，最终成就自我。

美国著名教育家杜威说："一切人生日用的事，都是他们的教育。"对孩子的未

能力冰山

来产生深刻影响的,并不只是课堂和老师。孩子在参与家务、学会管理自己物品的过程中,也一样可以锻炼这些能力,甚至可以说,一点儿都不比在学校学到的少。

孩子们就像装载着火箭的卫星,从一开始完全借助父母的助力,慢慢逐步分解,直至完全脱离。最后他们能不能在自己的轨道上平稳飞行,就看我们在整个起飞过程中给予他们什么样的能量,以及是否在适当的时候放手。

我不止一次地问自己:当我的孩子长大后,离开我的时候,我希望他从妈妈这里带走的是什么本领?

从孩子不到两岁开始,我就尝试教他一起做整理。如对玩具简单分类,把不要的东西扔进垃圾桶,每天睡觉前把物品归位。将来的某一天,也许他会突然问我:"妈妈,这些事情有这么重要吗?为什么你要教我这些?"我会告诉他:"亲爱的孩子,整洁的房间对妈妈来说，其实并没有那么重要，最重要的是从这个整洁的房间里走出去的你。"

"你学会了独立。能够管理好自己的空间和物品，进而安排好自己的时间。无论将来周围的环境如何改变，你都能把握自己的生活节奏。如果从小就学会整理自己的玩具，那妈妈相信，你绝对不会成为那个大学宿舍里每天从一堆脏袜子里挑出最干净的两只穿上出门的孩子。

"你学会了分辨。从小就学习对事物进行取舍以及分类辨别，会建立起稳定的价值观，知道什么是好，什么是坏，什么是自己的选择，什么是人生的自然规律，不会被旁人的眼光和看法轻易影响。小时候知道自己选择玩具的你，长大了也会懂得如何选择自己的专业、伴侣以及人生的道路。

"你会有条理地去解决问题。当面对一片混沌的状态时，你不会只是站在原地烦恼或者抱怨。你知道自己该做些什么，会勇敢地拨开迷雾去寻找答案。在解决问题的过程中，懂得统筹和规划，拥有一套自己的节奏和方法，无论结果如何，都能在过程中获得成长。

"你有执行力。说到做到，不拖延，不找借口，这也许是能够帮助你获得成功的最珍贵的品质了。现在妈妈跟你说，我们一起来把玩具归位吧，你就立刻行动了起来。那妈妈也可以确定，未来的某一天，当你找到自己的梦想的那一刻，也一定会立刻采取行动，毫不犹豫，即刻出发。

"你有一颗理解他人的心。你在和爸爸妈妈一起做整理和家务的过程中，懂得了自己并不是那个永远被人服务的人，你也可以去帮助别人。当他人和你要共享空间和物品的时候，当他人和你的需求产生冲突的时候，你懂得尊重彼此的边界，也懂得如何去表达自己的需求。

"妈妈知道，这一切都是从你把自己的玩具放回原处那一天开始学会的。"

一切人生日用的事，都是他们的教育

西汉时期的《礼记》就说："修身，齐家，治国，平天下。"从郑玄，到朱熹，到王阳明，儒家大师们一直在从各种角度解读"格物致知"的意义。一屋不扫，何以扫天下？欲养成整理之习，当自幼始。

第 2 章

认识差异:
孩子学整理和大人的不同之处

"一个完善的收纳系统不仅仅是人、物品、空间三者在某一个定格瞬间的整洁，它是前置的功课，是有预见的事先准备，它是规划的视角，是站在整个屋子的角度去俯瞰真实的生活，它是以静制动的学问，它不仅为空间和物品建立起秩序，更要建立一种在动态的生活中易于维持的秩序。"

这是我在自己的第一本书《爱上收纳：井井有条又热气腾腾的家》中写到的一段话，很多读者看到这里都来告诉我说："有道理，我终于明白该怎么做了。"

我曾试过把这段话读给五岁的儿子听，他就像看外星人一样看了我一眼，然后继续去玩他的积木了。

成年人来上整理课，都是从学习理念开始的。老师用语言和文字阐述这些事情的含义，传授给学员们。但孩子的认知方式完全不是这样。在孩子建立对大量事物的概念之前，用"说"和"讲"的方式去教育他们，基本上没有什么效果。

著名幼儿教育家蒙台梭利女士在她的儿童心理学研究中得出了一个重要结论：孩子会无意识地吸收环境中的一切，并加以适应以形成自己最终的人格。也就是说，不用你去解释，孩子会主动吸收周围的一切，随着心智的自然成长，在不断的尝试和行动中，逐步发展自己的认知。

所以我们要做的其实就是两件事：

第一，了解孩子不同成长阶段的特点；

第二，创造和孩子成长特点相匹配的环境，用这个环境去支持和鼓励孩子行动。

秩序是孩子的天然需求

著名教育家孙瑞雪在她的《捕捉儿童敏感期》一书中写道:"一个生命的有机体,肯定是结构和秩序的,这是大自然的定夺。环境的秩序在教育中的意义是配合孩子、帮助孩子发展内在的秩序。"

你也许早就发现,很多时候家里最愿意重复某些行为的人,就是那个小家伙了。某样东西出现在了不对的位置,妈妈回家的时间和昨天不一样,今天出门前忘记拿什么了,第一个发现的可能都是孩子。

我们家的餐桌,每个人都有固定的位置。有一天我随意坐在爸爸的位置,孩子立刻指出说:"妈妈,你不能坐在那里。"每天晚上睡前,他都有一套换衣服、洗漱、讲故事的睡前"程序",如果某天我忘记做一件事情,他也会立刻提醒我。

孩子对秩序的敏感是与生俱来的,可以说,每个孩子都是天生的"小小整理师"。那究竟是什么打乱了孩子天生的内在秩序,让一些"小小整理师"在长大之后,变成了房间乱七八糟、东西到处乱扔、做事毫无章法的大人呢?是来自外在环境的破坏。

从1岁多开始,孩子就会进入秩序敏感期,到6岁之前,他们都不断需要外在秩序来和自己的内在秩序去进行匹配。昨天放在这里的东西,今天还是在这里;昨天是这样去做一件事的,那今天也丝毫不能有差别。

如果一个家的物品乱拿乱放,做事情也没有什么固定的时间,家人的情绪也大起大落,什么东西会出现在哪里永远是未知的,下一秒会发生什么总是出乎意料的,就会让孩子感到痛苦,破坏他们内心的安全感,削弱他们对外部世界的信任。而这一点,很多父母是不完全了解的。

孩子带着秩序而来,迫切地需要他们身处的外部环境也建立在稳定的秩序之上。

一旦这种秩序被内外一致地建立起来，孩子就会愿意去自主地维护它。

既然这一切是孩子本能的强大需求，我们有什么理由不好好利用起来呢？如果你愿意，可以从他出生开始，就让他看到每一件物品都有固定的位置，每天睡觉前要做简单的归位，你可能会发现，这一切会内化为他的"肌肉记忆"，将来不想让他保持整洁都难。

因此，与其说我们是去努力教给孩子"秩序"，不如说，我们只需要做到，不去破坏他们本来就有的"秩序"。

模仿是孩子的学习模式

地铁里的一位妈妈拿着一本书在认真阅读，她腿上坐着的小孩子也像模像样地拿着自己的书看了起来。很多人问这位妈妈，你是怎样劝说孩子去阅读而不是去玩各种电子设备的？她说："孩子不听我们的，他们模仿我们。"

小婴儿的时候，孩子模仿我们吐舌头、扮鬼脸，长大一些，他们就开始模仿我们扫地、炒菜、做家务……是的，如果你吵架、说脏话、把臭袜子到处乱扔，他们也都会有样学样的。

我的先生特别爱惜家里的地板，每一次我们洗完澡，如果有水不小心从浴室流出来，他都会立刻用布把它擦干净。现在这件事情已经不需要他做了，每次只要看到浴室门口出现了水，我的儿子就会立刻拿起同一块布冲过去擦——即使他自己刚洗完澡还光着屁股。

因此，每一次开亲子整理课，都会有妈妈问，是不是把孩子送来就可以了？我都会告诉她们，不是的，是你自己先来学。

郎朗的爸爸不是钢琴家，刘翔的爸爸跑得也不快；送孩子去学绘画，即使我们自己画得一团糟，只要老师教得好，孩子也可以成为个中高手。但在生活习惯这件事情上，孩子是从模仿父母的行为开始的。父母对孩子的要求，不能超过对自身的要求。

如果你一直都把东西随手乱扔，孩子就不会真正理解什么叫"物归原位"；如果家里的物品总是乱塞一气，孩子就无法领悟"分类"的意义；如果你总是囤着各种垃圾舍不得扔，孩子就也会抗拒做"取舍"。

自己每天在家里玩手机，却要求孩子多阅读；自己回家就躺在沙发上，却要求孩子多锻炼；自己从来不学习，却要求孩子努力上进……这些事情即使老师在课堂上教会了孩子应该如何去做，他们回到家，发现父母完全是另外一个样子，肯定也没有意愿去践行。

所以，看到这里的爸爸妈妈，请先抬起头看一下家里现在的样子吧。我们自己的衣柜、书柜、抽屉，家里公共的厨房、洗手间、玄关这些地方，是否都已经整洁有序了呢？如果你还没有完成自己物品的整理，就请放下这本书，把家里的大环境先收拾妥当吧。

如果我们总是愁眉苦脸地做整理，把它当作一件不得不做的辛苦家务，孩子恐怕也很难会喜欢它。用快乐的心情去收拾你的家，孩子看到父母的样子，会感到这就是一件愉快的事情，也不会产生抗拒的心理。

孩子模仿自己喜欢的人。首先，把自己变成孩子喜欢的人，然后，把那些我们希望他们去做的事情，变成自己日复一日的行为。你会发现，孩子自然而然就会像我们期望的那样去做了。

孩子的能量很小，阻力也很小

成人生活中的混乱和囤积，仅依靠做局部的改变，一个一个抽屉去收拾，是无法彻底解决的。需要经过一次"彻底的整理"后，才能建立易于维持的收纳系统。如果你已经学习过一些整理的方法就会知道，这一次"彻底的整理"是按照清空—分类—筛选—收纳的顺序来进行的。

第一步，清空：把一大类物品通通都从储物空间中拿出来，把你的目标收纳场所完全腾空。通过这样做来确定两件事情：我们的物品数量究竟是多少？我们用来存放物品的空间究竟是怎样的？

第二步，分类：按照功能、场景、使用频率等原则，给物品归类，建立物品的管理结构。让它们从无秩序的状态，变成一个有逻辑的关系。

第三步，筛选：在分好的同类物品中，筛选出不再需要的物品，进行舍弃或者流通。

第四步，收纳：决定物品存放在什么位置，使用什么工具。把物品摆放好，并固定这个位置。

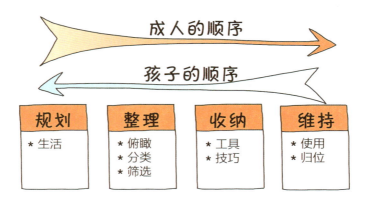

对成人我们通常建议的是排除干扰，一次性集中至少几个小时，来做这种"彻底的整理"。但是对于孩子来讲，花费几个小时持续进行这样的作业，想都不用想，是不可能的。

因此，我们不建议把成人的那种"彻底的整理"，直接照搬到孩子的身上。一次性把要整理的东西全部倾倒出来，视觉和心理上的冲击对成人来说都是有点儿难以承受的。如果你把所有的东西都倒在小朋友面前，他八成就被吓跑了。孩子注意力集中的时间非常有限，长时间的作业会让他们感到无趣，他们需要从简单轻松、容易收获成就感的方法开始。

因此，初学整理的孩子，首先要在爸爸妈妈已经整理好的环境基础上，做到物归原位。用小朋友可以理解的话来说就是："从哪儿拿的放回哪儿去。"

物归原位的前提，是有"原位"，而且有一个固定的"原位"。给物品确定这个位置是爸爸妈妈工作的重点，把跑到别处的东西放回原位，是小朋友练习的起点。

在养成归位习惯之后，随着能力的增长，再让孩子逐步参与俯瞰、分类、筛选的作业，最后才是加入对时间的管理和对生活的规划。

虽说小朋友做整理的能量比不上爸爸妈妈，但他们一旦开始学习，受到的阻力可比爸爸妈妈要小多了。

对于成人来说，整理的很大一部分内容都是对过去的反思，我们所面对的阻碍，往往是常年积累的习惯和固有的思维方式。这些东西根深蒂固，已经成为我们自身的一部分。把从来不清理的角落清理干净，把一直不敢打开的盒子打开，数数自己一共有多少件衣服，鼓起勇气丢掉一件贵重但无用的东西……这些事对于成人来说并不容易，我们虽然想要改变，却总是迟迟不敢行动。

但是对孩子来说，这样的阻碍是不存在的。

他们并没有太多固有的习惯，一切都是崭新的、从零开始的建立。教孩子做整理，几乎不包含对过去的反思，无论从心理还是从行为上来说，阻力都更小。只要开始行动，就会在孩子身上看见立竿见影的变化。

孩子是成长中的个体

我们的亲子整理课堂上经常会做这样一个游戏：妈妈们被要求戴上厚厚的劳工手套，把拼好的乐高模型拆开，在限定的时间内按照不同的颜色和形状分类，放到收纳盒中去。

整理课堂上，妈妈们戴着手套拆乐高

戴上手套之后，妈妈们手上的动作都变得笨拙了起来，很多接口拆了好久也拆不开，分类的时候也总是看花眼。加上老师在一旁不停催促"快一点儿，时间要到了"，大家就更加手忙脚乱，有的急得脑门上都冒出了汗。

妈妈们这才算是真正体验到了，当自己不管三七二十一就要求孩子收拾玩具的时候，他们是什么感受。

对于精细动作发育还不完全的幼儿来说，用手拆积木的感觉，跟我们戴着厚厚的手套是一样的。按照颜色对乐高进行细致分类，是非常需要耐心的，即使对成人来说都并不是轻松的工作，而一旁的催促声，更是让心情变得很糟，本身整理就需要手脑并用，现在还要额外分出精力来应付耳边的唠叨，真的是一点儿都不想再继续了。

只有父母自己做到的，才能要求孩子。但并不是只要父母能做到的，就要求孩子也必须做到。

皮亚杰在其《教育科学与儿童心理学》中提出，儿童就是儿童，是成长中的个体，有其特有的心理运转规律和心智发展规律。

0~3岁

孩子在出生后不久就会表现出对秩序的敏感。这个时期固定的程序和秩序会给他们以最初的安全感，如果空间总是变化、做事情的顺序总是被打乱，他就会感到非常不适。因此，我们不建议在孩子特别小的时候频繁搬家，或者经常调整家中的空间布局。

动作思维是这个阶段的孩子认识世界的模式，他们开始通过移动和抛洒各种东西来感知自己和物品、空间之间的关系。所以，当他们把东西一个一个从里面掏出来扔到地上的时候，并不是要捣乱，而是在认识自己所处的空间。这个时候，爸爸

0~3岁
* 安全感与秩序感
* 动作思维
* 用手、口探索与认知世界
* 喜欢有秩序的环境，只关心自己

3~6岁
* 自我意识与隐私感
* 形象思维
* 使用工具，形成逻辑，有人际关系概念
* 对空间感知增强，对自我和环境有审美要求

6岁以上
* 喜欢独立思考
* 逻辑思维
* 绘画、语言、音乐、审美、秩序感的持续发展
* 有方向感，需要独立空间，开始考虑他人感受

不同年龄孩子的特点

妈妈如果为了家里的整洁而去阻止他们到处"播撒"玩具，也就阻止了他们去完成对世界的最初探索。

3岁左右，孩子的自我意识开始形成。他们通过占有属于自己的东西来找到"我"的存在。爸爸妈妈不要随意丢掉他的玩具，也不要强迫他和其他小朋友分享玩具，给他充分的权利去支配自己的物品，他才能顺利构建出健全的自我，从而建立自己和他人之间的边界。

3~6岁

这个年龄段的孩子对秩序的要求进化为一种完美主义的执着，如果秩序被破坏，他们不再仅仅是感到不舒服，而是会固执地想要恢复它。东西离开原来的位置，必须放回去，做事情的顺序不对了，就必须重来一次。

右脑的形象思维开始发展，对色彩产生丰富的感觉和认知，妈妈说到一个词，孩子就会联想到那个物品的具体样子。这时候，我们可以开始让他们按照颜色、形状对玩具进行分类了。

这时的孩子真正开始有意识地使用工具了，能自己使用简单的收纳盒，也可以使用扫把、抹布、水桶做一些力所能及的家务。

逻辑思维也在这个时期开始形成，喜欢不断追问"为什么"，所以当妈妈告诉孩子，为什么要把这个玩具和那个玩具放在一起的时候，他是可以听懂，甚至提出自己的想法的。

4岁开始，孩子就会对自我和环境有审美要求，从自己喜欢穿干净漂亮的衣服，上升到要求桌子上没有灰尘，地上没有水渍，房间要漂亮精致。这个时候爸爸妈妈可以征求孩子的意见，和他一起去布置和装饰他的房间。

4岁之后，孩子开始能体会到交换本身的乐趣，愿意和同龄人互换玩具，喜欢参加跳蚤市场这样的游戏，你告诉他"把不玩的玩具送给弟弟妹妹"，大部分孩子会非常乐意。

这个年龄阶段的孩子，是对秩序和空间的敏感期，也是开始进行整理教育的最佳年纪。

6岁以上

孩子开始喜欢独立思考。上学之后，绘画、语言、音乐、审美各方面的能力持续发展，方向感和空间感持续增强。

逻辑思维能力在各种学习和训练下逐渐形成。随着孩子慢慢长大，个体的思维特点也变得越来越突出。我们会发现这个孩子对空间和艺术的感知更强，是"右脑型"孩子；而另一个孩子则可能更擅长语言和逻辑，是"左脑型"孩子。整理收纳也可以根据孩子的不同脑型采用不同的方法。

他们开始对实验和实验的结果产生兴趣，对于想要什么样的房间、什么样的生活，他们更乐于去创造和实现自己的想法。给他们更多的自主权，是这个时候爸爸妈妈最需要注意的。

对儿童敏感期的研究表明，孩子从出生开始，会用7年左右的时间，去建立自己和自己、自己和物品、物品和物品、自己和他人之间的关系，构建出一个内在的管理系统。在这个时期开展整理教育，可以为这个构建过程起到关键的作用，帮助孩子去找到"真正的自己"。

为孩子打造有秩序的外部环境

如果孩子没有做出我们预期中的行为，那我们首先就要去观察，究竟是什么阻碍了他？他是做不到，还是不想做？也就是说，是能力产生了问题，还是意愿产生了问题？

如果你提出的要求超过了孩子可以做到的范围，或者他并没有掌握正确的做法，那就是能力的问题。如果孩子一想到整理就觉得不快乐，没有主动去做的积极性，那就是意愿的问题。

能力和意愿会相互作用，一件事情我们做得越好，成功的体验越多，就会越喜欢去做，而越是喜欢做的事情，就越有丰富的经验，能力就会变得越强。

孩子的能力和意愿是在对他们友好的环境中逐步建立起来的。

和成人有巨大差异的是，儿童具有吸收性心智，他们就像一块放入水中的海绵，会吸收周围环境中的一切，用以自身的成长。父母要做的就是去设计和创造环境，也就是说，去制作你希望被孩子吸收的那些"水"。

这些环境之"水"被孩子这块海绵全盘吸收之后，会从两个角度对他的行为产生作用：环境的约束会减少孩子做出不可接纳的行为；环境的配合会引导孩子做出期待中的行为。环境的约束和配合，最终表现为一致稳定的规则，成为外部世界的秩序。

能力意愿作用力循环

从整理的角度来说，这个环境之"水"由三个核心组成：空间、物品、人。

空间：如何去规划房间的布局，在什么地方做什么，使用什么样的家具，营造什么样的氛围。

物品：如何选择物品，如何对它们进行分类，采用什么样的工具，如何摆放和陈列，以及如何去使用和管理它们。

人：父母自身的态度和方法，父母和孩子之间的沟通方式，如何协助和支持孩子。

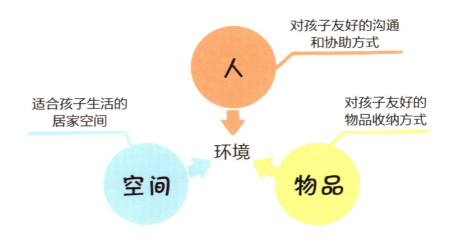

亲子整理中的环境因素

其中，空间和物品是物质环境，人则是人文和心理环境。我们的顺序是先创造物质环境，也就是建立对孩子友好的空间，使用对孩子友好的物品收纳方式，然后，才是考虑如何教孩子去做。

孩子是不是喜欢自己的房间？在自己的房间里他是否感到舒适和放松？当我们希望孩子自己收拾玩具的时候，他是否知道玩具应该放回哪里去？收纳盒的盖子，他自己是不是能打开？当我们希望孩子自己管理衣物的时候，他是否能够得着挂衣杆？

如果这些条件都不满足，我们无论怎么绞尽脑汁去引导，孩子都是做不到的。

学钢琴也许只需要一架琴，学画画也许只需要笔和纸，但学整理，需要的是一个"家"。从现在开始改变你的做法吧，在一遍遍对孩子重复你的要求之前，首先需要做的，是创造出那些他可以做得到的条件。

亲子整理的进化路径

现在我们已经知道了，教孩子做整理之前首先要了解孩子所处的发展阶段，观察他思维和行为的特点，然后创造一个能满足孩子需求的"空间、物品、人"的外部环境，从能力和意愿两个方面去替孩子扫清障碍，支持和鼓励他的自我成长。

接下来，我们就可以行动起来啦！

亲子整理进化路径

第1步：父母的自我整理

学习科学整理的理念和技能，整理好家庭大环境，为孩子做好榜样。

这部分内容在本书中不会具体涉及，可以参考《爱上收纳：井井有条又热气腾腾的家》一书。

第 2 步：建立亲子整理的物质环境

  规划对孩子友好的亲子空间（详见第 3 章）；

  采用对孩子友好的物品收纳方式（详见第 4 章）。

第 3 步：教孩子一起做整理

  让孩子乐于参与的引导法则（详见第 5 章）；

  让孩子爱上整理的亲子游戏（详见第 6 章）。

第 4 步：从整理物品升级到自我管理

  在整理中学会自我管理（详见第 7 章）；

  和孩子在生活中一起成长（详见第 8 章）。

第 3 章

空间规划：
在喜欢的房间，才有行动的动力

不久前，我来到一位中年父亲的家中，为他提供家居整理的咨询服务。

一进家门，压抑的气氛就扑面而来，不到60平方米的房间，从餐厅到卧室到处都堆着这位父亲的书。它们摞在那里，像一根根罗马教堂的柱子，从地上一直堆到房顶。只有5平方米左右的孩子的卧室，也被父亲的书塞得满满当当，完全无法分辨哪些是孩子自己的东西。

男孩已是上了初中的年纪，我邀请他加入到我们的讨论中来。但是在整个过程中，男孩都一言不发。我提出让他自己说说，希望拥有一个什么样的房间。他刚想要开口，父亲就大声制止说："不用问他，他什么都不懂！很幼稚！"男孩看了我一眼，又默默地低下了头。

一个成年人主动选择生活在混乱中，其实无可厚非，这只是他自己的一种价值观，每个人都有按照自己的方式去度过一生的权利。但是每每看到"被迫"生活在父母制造的混乱之中的孩子，我都会感到心疼。

"家"对于幼小的孩子而言，应该是一个遮风避雨的地方。相比于外面那个危险的未知世界，家里应该是安全的、已知的、稳定的。

但是有的孩子却发现，自己的家也是一个不安全的、充满了未知的地方。什么东西放在哪里永远变化无常，地上堆满了各种杂物，属于自己的活动空间被父母侵占……爸爸妈妈还常常对自己提出一些不知所云的要求，如果做不到，还会被训斥。

无论周围环境多么糟糕，孩子都无力改变，因为那是父母强加给自己的生活状态，而非自己的选择。

我曾经在客户的家里，看到客厅摆放着巨大的大理石茶几，小朋友就在旁边的夹缝里玩耍；玩具架上的收纳盒被塞到快要溢出来，连成年人都搬不动；已经快要毕业的小学生，还在使用幼儿时期的绘本架，没有一个像样的书柜。

在这种情况下，如果还希望孩子能主动整理，是非常不近人情的要求。外部条件不满足，孩子就没有办法完成，能力就会遇到阻碍；住在自己不喜欢的房间里，怎么都提不起好好收拾的兴致来，意愿就会遇到阻碍。

在给孩子布置房间的时候，不妨先来想一想，我们自己还是个孩子的时候，会想要住在什么样的家里呢？

梦想儿童房

建立属于孩子的"私人领土"

孩子刚出生的时候是没有自我的，他是通过不断去"占有"各种事物，来区分自己的和他人的。帮助孩子去找到那个"我"，就要给他提供完全属于他的东西，并予以尊重。孩子只有形成了完整的自我，才会看得到自己和他人之间的边界，才会懂得尊重他人。

有时候孩子不愿意去整理自己的物品，就是因为：

"我没有感到自己是这个房间的主人，因为里面都是爸爸妈妈的东西。"

"我根本不知道哪个房间、哪个区域是属于我的，爸爸妈妈从来没跟我说过，我自己也分辨不出来。"

让孩子知道自己的"领土"在哪里，知道这个地方是属于他自己的，他就会主动地去维护。

有的家庭整体面积比较大，可以给孩子预留一间儿童房，甚至还可以有独立的游戏室和书房；而有的家庭却是一家三代五口人住在一起，人均使用面积不足，没法给孩子一个属于自己的房间。

这都不影响我们去给孩子建立一个有边界的区域。

儿童房的边界很好划分，门和墙是很容易理解的实体界限。如果没有儿童房，那我们至少也要在客厅或者爸爸妈妈的卧室里找出一个区域来，借助柜子、置物架、地毯、软垫、纱帘等，标识这个边界，并且告诉孩子：从这里到这里，都是你的"领土"，你要好好管理它哦！

明确了边界之后，接下来就是把大人的物品从这个"领土"上彻底地清理出去，完全地、彻底地清理，一张纸片都不要留下。

自己的房间放不下了，一看儿童房的柜子还空着，就把多余的东西塞进孩子那边去——这恐怕是许多父母都做过的事情。一旦自己的空间里混入了爸爸妈妈的东西，孩子就会感到自己的"领土"被侵犯，破坏了之前建立的边界感。他们心里也清楚得很，这种侵犯，他其实是无力反抗的，唯一能做的事情，就是放弃自己的权利。

我自己的家，是一个不到 80 平方米的两居室，其中两个卧室各有一个背靠背的壁橱。第一次看到这个房子时我就想，如果只有主卧的壁橱，肯定不能满足我和先生存放全部衣物的需求。而另一个房间的小朋友，其实不需要那么大的储物空间。于是，我们在装修的时候将两个壁橱合并成了主卧的衣帽间。

虽然我们把孩子的空间"抢"过来了一点儿,但却给了他一个永远不会被爸爸妈妈侵犯的、独立的空间。

界限比面积更重要,对孩子来说,"独立"也比"大"更重要。

只有主卧收纳空间充足,我们才可以真正做到不把自己的物品放到孩子的房间去。我们从入住这个房子的第一天开始,就没有在孩子的房间里放过任何我们的物品。我的孩子对他的房间也充满了归属感,总是把"我的屋,我的屋"挂在嘴边,在他的心里,也自然产生了对这个小小房间的责任感。

这样做还有一个好处是,当孩子把家里弄得乱七八糟,而你实在不想收拾的时候,可以先把孩子的东西全部放到他自己的地盘去,然后就可以"眼不见为净"了。有一次我这样做了之后,惊喜地发现,孩子在房间里嘟囔了一句:"我的屋子怎么这么乱啊!"然后就自己整理了起来。

如果实在是因为先天条件的限制,大人孩子的物品不得不混合放在一个柜子中,那就在柜子内部做"边界"。

我家的壁橱改造示意图

界限感会让孩子对自己的房间产生责任感

日本有一位整理师在帮客户改造客厅的置物柜时,将原本混放的空间进行分割,最下方两层分配给了孩子专用。后来这位客户发现,之前从来不主动收拾的孩子,现在自己就能把那两层物品管理得井井有条,而柜子里其他的部分,他连看都不看一眼。

哪怕只能在家里找出一平方米,也要把它完完全全地交给孩子。建立边界,是一切整理的开始。

孩子的分龄空间需求

从脱离母体到个体独立，这个过程应该是缓慢的、循序渐进的，而不是突然发生的。孩子对自我空间的需求，和他们内心对亲密关系的需求一样，也是逐渐变化的。

0～1岁：完全共享

0~1岁的宝宝刚刚从妈妈肚子里出来，对安全感有着极高的需求，每时每刻都希望和妈妈在一起，恨不得能一直黏在她的怀里。这个时期的孩子几乎没有自理能力，生活中充满了各种不安全，我们也想要每时每刻地照看他。

这个时候的孩子也许会有一张自己的婴儿床，也许只是爸爸妈妈大床上的一处小小位置；也许会有一张柔软的爬行垫，也许只能在床上做做运动……但基本上这个阶段孩子和父母的空间，还是完全共享的。我们只需要在家里找出一些位置，来收纳好这个家庭新成员的物品就可以了。

1～6岁：共享但有边界的区域

学会走路之后，孩子的活动空间就突然变大了。你不知道他会把自己的玩具或者食物扔在哪里，也不知道他会把家里的什么东西抓过去玩一会儿。整个家都变成了孩子的地盘，爸爸妈妈要开始在空间上着手，去引导孩子的整理意识了。

游戏区的建立就是在这个阶段完成的。

在客厅给孩子找到一个空间，放上玩具收纳柜，或者几个收纳盒，这是他的第一个小空间。这个时候，孩子还是需要和大人共享活动区域的，也非常依赖大人的陪伴。

日常生活中，爸爸妈妈可以一边做家务，一边照看和陪伴孩子。就算孩子乱扔玩具，妈妈也可以告诉自己"只是孩子的玩具弄乱了而已",而不必为此过于焦虑。

无论此前是否进行过整理的启蒙,你都会发现孩子在3岁多时突然会主动做一些整理的工作了,因为他们上幼儿园了。

在幼儿园里,小朋友的东西都被安排了固定的位置,每个人的书包都有固定的柜子,水杯有固定的格子,衣服也会有固定的挂钩,而且上面都会贴上主人的照片或名字。孩子第一次有了物品"归属"的认知。通常情况下,老师也会开始教孩子,自己的东西自己去拿,用完之后,从哪儿拿的放回哪儿去。

回到家里,我们就可以延续这种模式,把孩子的好习惯固化下来。

在幼儿园,小朋友的物品都有固定的位置　　客厅一角可以作为孩子的玩耍区

有的孩子在这个时期已经拥有了自己的儿童房,有的孩子还在跟父母共享空间。无论哪一种情况,玩具和书籍都变得更多了,要在家里建立功能分区,按照物品的种类使用专门的收纳工具,分门别类地管理。固定收纳的位置后,不要轻易变动。

如果没有儿童房,就把玩具收纳架作为标志,让孩子参与对这个边界的遵守,识别家里每个人的私人区域和公共区域,互相尊重。

6岁后：独立的空间

6岁后就要为孩子上学做准备了，这时候我们通常都需要对亲子空间进行一次较大的改造。

幼儿园的小朋友变成了小学生，他们开始想要做一些不需要我们陪、也不想让我们知道的事情了。把儿童房完全交给孩子，尽最大努力给孩子创造一个独立的空间。就算没有儿童房，也要在大房间里隔离出一个完全独立的小空间。记住我们最开始的原则：不要在这里放任何大人的物品！

孩子对玩具的需求，逐渐过渡为对书籍和文具的需求，收纳工具也要相应进行更新。以前坐在那里做手工的小桌子，也要换成宽敞一点儿、能够舒舒服服做功课的书桌。

有了独立的空间之后，把它慢慢交给孩子自己去管理。要相信孩子，只要拥有了自主权和责任感，慢慢地一定会越做越好。

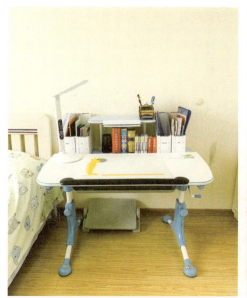

上学后就要有自己的书桌了

面积再小，也是专属自己的儿童房

1　儿童房的功能区域

2　休息生活区可以靠近门口

3　学习阅读区需要配备独立的光源

4　休闲娱乐区要预留足够的活动区域

儿童房的三区划分

"什么地方是用来休息的，什么地方是用来看书的，什么地方是用来做游戏的？"

"什么地方放了我的衣服，什么地方放了我的杂物，什么地方放了我的玩具？"

这些问题，孩子会如何回答？爸爸妈妈会如何回答？孩子和爸爸妈妈的答案，是不是一样的呢？还是一切都是随心所欲的方式，任何地方都可以做任何事情，任何东西都可以放在任何地方呢？

假如你站在空空的房间里，可能首先会想：这里有个空地，摆个什么柜子好？那里有个空地，摆个什么架子好？如果总是这样去思考的话，那最后这个房间的主角就会是家具，而不是生活在其中的人。

我们试着换一个方式，首先想一想，孩子在这间屋子里需要做些什么呢？

休息生活区

休息生活区要摆放床、衣柜、生活杂物等。对于年龄比较小的孩子，休息生活区可以放在靠近门口的位置，方便爸爸妈妈照顾以及帮助管理。

第 3 章　空间规划：在喜欢的房间，才有行动的动力　　037

学习阅读区

这里要摆放书籍、书柜、书桌椅等。学习阅读区对光线的要求比较高，可以安排在靠近窗户的位置，并且配备独立的光源。学习和休息两件事，一个需要精神高度集中，一个需要放松，为了让孩子不在写作业时看到床就犯困，在睡觉时看到桌子又兴奋，可以把学习区安排在远离床的位置。如果房间太小，学习区可以背对床摆放，或者挂上纱帘，作为心理上的隔断。

休闲娱乐区

这里主要收纳玩具、装饰品等。休闲娱乐区除了有物品的收纳空间，还要给孩子预留出一定的活动区域。

先把功能分区完成之后，才是围绕着这些不同的活动，找到需要收纳的相关物品，为它们配置合适的家具和收纳工具。

按照这样的顺序去规划孩子的空间，对不同区域的使用方式就有了规则，什么东西该放到哪里去，小朋友自己都知道该怎么做了。各个区域的气场也不会互相干扰，睡觉就是安静的，玩耍就是热闹的，学习就是专注的。

蹲下来才能看懂孩子的世界

我曾经整理的一个儿童房，里面塞满了各种成人家具，只留下了一个特别窄小的过道。当妈妈发现某个角落空着的时候，为了塞下更多东西，又增加了一个高柜子。一进那房间，连我这样的成年人都感到喘不过气来，更不用说视线和重心都比我们要低得多的孩子了。

有的父母为了能多装点儿东西，在孩子很小的时候就在儿童房里配置成人尺寸的

1_ 大人的视角看空间

2_ 孩子的视角看空间

3_ 蹲下来跟孩子一起看空间

家具。如果你试试蹲下来，站在孩子的视角去观察，可能就会发现：那些家具看上去都太高大了！而我们看来感觉很矮小、很迷你，像个"小人国"一样的空间，孩子却觉得刚刚好！

小朋友就是在这样的感受下度过每一天的：高高的柜子，就像几座大山一样围绕在我的周围，我不知道里面塞了些什么东西，看不见，也够不着。

我们究竟是想让孩子享受更舒适的成长空间，还是让各种杂物来享受这个空间呢？

这个问题的答案是毋庸置疑的。何况在很多家庭中，把儿童房塞到爆满的并不是孩子自己的物品，而是大人们那些放不下又扔不掉的东西。

"他想要的儿童房太幼稚了，我们希望他成熟一些。"也有不少爸爸妈妈是出于这样的想法，刻意去回避那些看起来很可爱的儿童家具。

儿童房对于孩子来说，就如同整个家对于我们的意义一样。我们总是想着如何才能拥有自己的"Dream House"，却放弃了帮助孩子打造一个"Dream Room"的机会。孩子因为住在一个怎么都爱不起来的儿童房里，失去了从小养成良好行为习惯的最佳时机。这一切是多么可惜！

市面上有很多专门针对孩子的小型家具。选择家具尺寸的时候，请先根据孩子的身高去判断，正如我们在之前所说的，蹲下来，站在孩子的视角感受一下。

高度适宜这个原则，除了用于家具的选择，也可以用在收纳的设计上。对于那些你希望孩子能够学会自己管理的物品、希望他自己整理的玩具，都放置到孩子够得到的位置。不然的话，你对他的一切要求就都只能沦为幻想。

可以尽兴地玩耍

要打造小朋友喜欢的空间，幼儿园是最佳参考。幼儿园的布置，一切目的都是为了让小朋友们可以愉快地玩耍。因此，对孩子而言，家里最重要的不是收纳，不是装饰，而是活动的空间。

我的好朋友云子，住在一个三层复式楼里，她的儿子拥有两间专属于自己的房间，里面有钢琴、书柜、玩具柜……但却还是喜欢在爸爸妈妈的客厅里玩耍。云子有一次问起孩子："你想要什么样的房间呀？"孩子回答说："空空的房间就可以了。"

家具和物品过多的房间，在孩子眼里一定是没意思的。他们需要的，是可以在里面打滚、铺火车轨道、给洋娃娃过家家、和小伙伴捉迷藏的地方。即使是减少一些物品和家具，我们也要努力给孩子留出玩耍的地方来。

搬进现在这个家的时候，小九刚三岁。他最爱的玩具就是车，他喜欢把小汽车在地上排起一圈一圈的车队，说："这就是北京的二环，妈妈你看，堵车了！"所以我知道，他的房间里一定要留出地方，让他能够展示壮观的"二环大堵车"场景。

我猜，对于小女孩来说，也一定需要一个大大的地盘，来和娃娃们做"过家家"的游戏吧。

当他们逐渐长大，会有很多时候需要邀请小伙伴来自己家里一起玩。一群小朋友在一起，就更需要活动的空间了。

要实现这个目标其实并不难：

如果家具太多，就减少一些；如果家具太大，就换成小一点儿的。然后你就只需

1　给孩子喜欢的游戏留出空间

2　小朋友们在一起玩更需要空间

1_ 儿童床底下的秘密基地

2_ 儿童房留出活动空间

3_ 容易造成侧翻的斗柜

4_ 把柜子钉在墙上增加安全性

5_ 轻便柔软的无纺布盒子适合儿童收纳

要做一件事：让家具通通靠边站，给孩子留出一个完整的、不被分割的区域来。

  我见过很多儿童房，在只有几平方米的空间里强行塞进一个大的双层床，房间里除了床还是床，显得特别逼仄，孩子完全没有玩耍的地方。如果是为了趣味性而购买双层床，可以选择上面休息区较宽松的多功能床，把低矮的下层用心布置一番，对于孩子来说也是一个充满乐趣的秘密基地。

  总之，对孩子而言，能够玩耍的空间，是比任何收纳、美观都更重要的存在。

足够的安全和安全感同样重要

相信所有爸爸妈妈都会非常细心地去考虑家庭环境中的安全因素。不安全的儿童家具曾经多次造成事故。曾有多个家庭的小孩被同一款侧翻的柜子压倒,家具厂商因此赔偿了近 5000 万美元。那么,什么样的柜子容易造成这样的安全事故呢?我们又该如何去规避呢?

一个简单造型的衣柜或者书柜,是不会随便就倾翻的。最容易倾翻的柜子,是带有抽屉的斗柜。

充满好奇心的小朋友拉开一个抽屉,把它们当作阶梯向上攀爬,他自身的重量加在抽屉之上,就会造成倾翻,整个柜子会不偏不倚正好压倒在他身上。

尽量避免在孩子独立活动的房间里使用这种结构的斗柜,购买家具的时候试一试,看看是不是容易因为踩踏引起倾翻。如果你实在不知道什么安全什么不安全，就把所有的柜子都固定在墙上。

除了家具，收纳工具也要考虑到安全性。

设计良好的玩具收纳盒，边缘都是圆滑的，避免割伤孩子。我们在选购的时候也要考虑盒子的重量，如果太重的话，从高处跌落也容易砸伤孩子。

在孩子的房间，我们就不要使用玻璃或者纸质之类易碎、易损坏的收纳工具了，过不了几天就又得买新的。如果我们总是因为损坏工具而批评孩子的话，他就会更不愿意去整理了。

儿童物品适合选择轻便、柔软的收纳工具。

环境的安全对于孩子而言，不仅仅是生理上的，也是一种心理上的需求。也就是说，不仅要真的安全，还需要有"安全感"。

虽说小朋友需要活动的空间，但这并不表示儿童房越大越好。在人均使用面积比较充裕的家庭，孩子往往小小年纪就拥有一间超大面积的儿童房，里面放了床和家具之后，还是非常空旷，对孩子来说，这样的空间就很没有安全感。

小时候的我们，最喜欢被妈妈抱在怀里，哪怕只是躺在妈妈身边，也比自己一个人孤零零地躺在床上睡得安稳许多。自己玩耍的时候，也会希望周围的环境是把自己包围起来的感觉，就像小猪的猪圈一样。

曾经在德国设计过华德福学校的建筑师岩桥亚希莱建议："室内空间稍微狭小一点儿，就可以像妈妈温暖的怀抱一样，使人心情平静。但完全隔离的空间会让人有孤单的感觉，所以不能完全隔开，可以悬挂纱帐，设置屏风，或者利用低矮的家具来创造出狭小的空间感。"

一个有适当的边界却又不是完全被隔离的空间，对年幼的孩子来说是最舒服的。

1_ 像"小猪圈"一样的空间

2_ 低矮空间能给孩子带来安全感

3_ 全家趴在地上写写画画也是孩子喜欢的活动

此外，"接地气"的设计也会让孩子感到安全。

孩子从来不会像我们一样，正襟危坐地待在沙发或者椅子上，他们永远都喜欢趴着玩耍，或者在地上滚来滚去。即使是冰凉的地砖也无法阻止他们对地面的热爱。对于孩子来说，爬到椅子上不但麻烦，而且也缺少了一种贴近地面的踏实感。

不如我们就按照这个小家伙的需求来设计他的活动区域吧：去掉大型的沙发、茶几、桌椅，换成地垫、地毯、棕垫，孩子可以直接趴在上面搭积木、过家家、画画……或者可以摆上一个低矮的圆几，孩子坐在地上正好可以使用。

不同材质的触感也能带来不同的感受。

孩子会对柔软、温暖的物品产生亲切感，比如软垫、毛毯等。而那些金属、玻璃

| 1 | 2 | 3 | 4 |

1_ 孩子喜欢低矮的空间
2_ 柔软的地毯给孩子温暖亲切的感觉
3_ 看不见的收纳
4_ 看得见的收纳

046　教孩子学整理：从收拾玩具到管理自己

之类的制品，冷冰冰、硬邦邦，都是小朋友们不太喜欢的。木质的东西则比较中性，即使摸起来比较坚硬，但因为它属于天然的材质，就像泥土、树叶、水一样，是一种原始自然的存在，也会让小朋友们觉得很舒适。

安全的体验建立在"熟悉"和"重复"的基础上。家具是否摆放在固定的位置，物品是否收纳在固定的位置，也会影响到孩子的安全感。如果每次醒来，看到的都是长得不一样的家，孩子容易感到不安。

无论是孩子身体上的安全，还是精神上的安全感，都是我们在规划亲子空间的时候要考虑的。

孩子喜欢看得见摸得着的收纳

你是否曾经在整理房间的时候，从角落里的某个盒子里发现一些早就被忘记的

东西?

"原来我还有这个呀!"

"零食都过期了还没吃!"

"孩子的衣服还是新的,都已经穿不下了!"

很多擅长收纳的妈妈,会偏好一些带盖子的、封闭式的收纳盒。把杂乱的物品全部都"关起来",家里看上去会更整洁。找东西的时候,根据自己头脑里的逻辑,去判断物品的位置。

这种逻辑思维能力,是我们在后天的学习之中逐步培养出来的,年幼的孩子都是以右脑的形象思维为主,也就是说"所见即所得"。

因此对于小朋友来说,那些藏在盒子里的、放在柜子深处的,不是一眼就能看

1_ 封闭的收纳盒贴一张照片可以起到提示的作用

2_ 直接用的收纳才能让物品被充分利用

得见的玩具，几乎就等于不存在了。偶尔想起来某个很久不见的玩具，也是大喊一声"妈妈，×××在哪里"，而不是自己去想办法找出来玩。

那些能够被他们直接观察到的玩具，会时刻发出"快来玩我呀"这样的信息，吸引他们的注意力。所以，常玩的玩具、常使用的物品，就直接放在没有盖子的容器里吧。

如果一定要用"关起来"的方式，那就在盒子外面做一个标识，或者拍一张内容物的照片贴在上面，也可以起到提示的效果。

东西太多柜子里放不下，有时候会随意堆在旁边，这随意一放，就在无形中增加了孩子整理的难度。每次想要拿的时候还得先挪开挡在前面的物品，久而久之里面的东西就无人问津了。归位的时候更是想想都觉得太麻烦，就更加懒得去做了。

不是把东西塞在家里，就等于用上了它们。采用"什么都看得见"的方法来收纳，可以让孩子的物品都被充分利用，而且，当我们想要孩子自己学会拿取和归位的时候，他也很快就能知道该怎么做。

收纳工具越简单越好

我以前的家里有一张可以加长的餐桌。买的时候我想的是：平时收起来，哪天客人比较多，就把它加长。然而事实上在买回它之后的几年里，我们一共在家里招待客人的次数不超过 10 次，就算偶尔客人多，也因为嫌麻烦，大家挤在小桌子上热热闹闹地就把饭给吃了。

买一件家具，就要让它尽量实现更多的功能。你是否也曾有过类似的想法呢？

我在客户的儿童房里见过一张自带书柜、可以折叠的书桌。当初是想要实现多功能，但实际使用起来却遇到了很多问题。书柜的空间太小根本不够用，折叠处的缝隙总是会卡住小东西，灰尘也不好清洁；桌上总是堆满了东西，想要折叠一次非常麻烦……最后，"多功能"还是变成了"单功能"。

对收纳感兴趣的人，最喜欢搜集各种"收纳神器"，这些"收纳神器"自带各种精巧的机关，会像变形金刚一样，变成不同的模样。但其实越是设计复杂的收纳工具，使用起来的体验越差。使用麻烦不说，各种机关在反复操作中，很快就会变得不那么灵活，甚至直接就坏掉了。

越是简单的工具，越能被反复使用，以及在各种不同的场合重复利用。

特别复杂的工具对于孩子来说更不友好。想象一下吧，当我们跟孩子说："宝贝，你把乐高放到那个盒子里去吧！"结果他抱着盒子左抠抠，右掰掰，怎么努力都打不开。下次你再要求时，他就会抗拒去做这件事了。

对于孩子而言，整理的过程必须是轻松愉快的，他才会更愿意主动去完成。给孩子的房间添置家具的时候，要尽量选择单一功能的产品。书柜就是书柜，书桌就是书桌，衣柜就是衣柜，玩具收纳柜就是玩具收纳柜，每种工具都是基本款式，简单造型。没有什么浪费空间的奇怪形状，也没有什么看起来很小聪明、用起来却很尴尬的机关。

选择收纳工具的时候参考"一个动作"原则。孩子要拿一样东西，或者要把一样东西放回去，只需要一个动作就能完成。如果总是需要先拉开抽屉，再打开盖子，左右手配合，甚至还要用脚配合才能做到，那么，工具本身就会成为孩子学习整理之路上的最大阻碍。

1、2_ 同一个柜子的不同用法

3_ 一个动作就能完成收纳

第 3 章　空间规划：在喜欢的房间，才有行动的动力

选择能陪孩子一起成长的家具

一个月前的裤子，现在已经遮不住小脚踝；去年的羽绒服，已经拉不上拉链；鞋子买回来还没穿，脚就长大了——孩子总是以超越我们预期的速度成长着。去年给他设计好的房间，今年还能用吗？床是不是已经有点儿短了，衣柜是不是挂不下新的衣服了，书柜是不是放不下越来越多的课本了？

如果回到设计房间的时候，我想你一定会认真考虑一下"孩子会长大"这件事。

在给孩子布置空间的时候，尽量不要选择固定的、无法调整的家具，例如从底到顶的定制大柜子、无法拆卸的实木层板、榻榻米等。要多选择设计简单但又可以灵活多变的款式，以满足孩子不同成长阶段的需要。

衣柜可以事先设计好能够调节高度的排钻孔，随着衣物尺寸的变化，改变一下挂衣杆的高度，不过是几分钟就能完成的事情。孩子小的时候可以在衣柜上中下挂三层，等到衣服变大了就改造成两层挂杆。再长大一点儿，就可以只保留上层的挂衣杆，下层改成抽屉来收纳叠起来的衣服。

衣柜三级变

书柜，也同样可以在两侧预留排钻孔，层板高度可以根据书本的高度灵活调节。

也可以选择同时能兼顾玩具收纳和书籍收纳的柜子，随着物品的变化灵活调整。孩子个子小的时候可以横向摆放，长高了之后可以直立摆放，满足各个年龄阶段的不同需求。

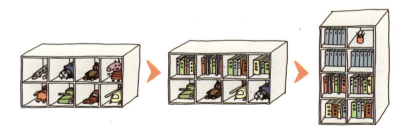

收纳柜三级变

也可以选择能够叠放的置物架，孩子个子小的时候，两个并排摆放。等到他渐渐长高，就可以摞起来叠放，为房间腾出更多的空间。

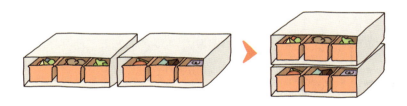

置物架叠放

提到适应成长性，很多人容易直接误解为"孩子反正要长大，就按照长大的需要来"。孩子还在幼儿园时，房间里就配置成人的衣橱、书柜、书桌……每天都生活在自己18岁房间里的3岁小朋友，是很难感到快乐的。

既要简单，又要成长性，又不能提前准备，这听起来简直太难了！其实你完全可以放轻松，空间改造这件事情，并不是每时每刻都在发生。随着孩子的逐渐成长，我们把握主要的几个时机就可以了：出生、独自玩耍、分床、上学、分房、青春期、离家。

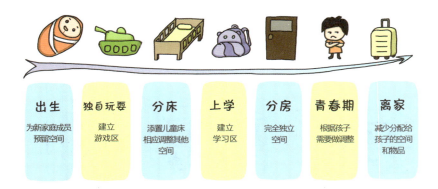

出生	独自玩耍	分床	上学	分房	青春期	离家
为新家庭成员预留空间	建立游戏区	添置儿童床相应调整其他空间	建立学习区	完全独立空间	根据孩子需要做调整	减少分配给孩子的空间和物品

1	3
	4
2	5

1_ 几个重要的亲子空间改造时机

2_ 小床摆在大床旁边可以作为分床的过渡期

3、4、5_ 儿童房的趣味之处

我自己家的儿童房，就因为"分床"这个时机进行了一次改造，前后只用半天时间就完成了。

我儿子出生后一直和我们睡在主卧大床上，他的儿童房预备有一张小床，只是偶尔午睡的时候使用。4岁多的一天，他突然跟我说："妈妈，我想睡在自己的小床上，不过小床要摆在你们的大床旁边。"孩子既然主动提出，我们可以用最自然的方式完成这第一级火箭脱离，何乐而不为呢？于是我把他的小床搬到了大床旁边，儿童房也因此空出了更大的活动区域。

现在他已经5岁多了，从一开始总是时不时爬到大床上来跟妈妈腻歪一会儿，变成了必须在自己的小床上才睡得更踏实。我想也许用不了多久，他就会要求和他的小床一起，搬回到自己的儿童房去了。

有趣比整齐划一更重要

这几年,"性冷淡风"的家装风格逐渐流行,很多人家的墙壁、家具、收纳物品通通都是白色。为了整个家居环境保持一致的格调,有的爸爸妈妈也会把儿童房设计成非常单一的色彩。

但如果你试着让孩子自己去选择家具,他们一定会更喜欢 Hello Kitty 门把手的柜子、海盗船造型的床头、画着海底世界的地板贴纸……

对于刚出生的婴儿,缺少色彩刺激会阻碍孩子的感官发育;对于大一些的小朋友而言,什么都不如"有趣"更重要,他们每时每刻都生活在自己想象的童趣世界中。

给孩子一块白色的地毯,他可能在上面待不了几分钟就不耐烦了,如果你换成一块画了汽车图案色彩斑斓的地毯,他就能在上面自娱自乐一个小时。我们常常认为,单一的色彩会让孩子安静下来,但恰恰相反,孩子只有在他自己喜欢的色彩环境当中,心情才会保持良好。观察孩子喜欢的颜色,把它用在孩子的房间里,就能够制造出让孩子感到愉快的氛围。

当然,过多的色彩也会让房间看起来更乱。因此,背景色和主色,比如墙壁和家具的选择,可以用相对单一、饱和度比较低的颜色。但是,在小件物品和装饰物的点缀上,就尽管大胆地让孩子自己做主吧!

在强加爸爸妈妈认为的所谓"正确"的审美给孩子之前，拥有一段自己选择的时光，又何尝不可？要知道，这也曾经是我们自己当初的梦想啊。

如果你在他的房间里，为他设计一个秘密的洞穴、一个过家家的小房子、画了红绿灯和马路的地板、一架特别的吊灯、一片星光的屋顶、一道彩虹的墙壁，甚至，仅仅只是把他喜欢的卡通人物多摆上几个……相信我，打开房门的那一刻，他一定会欢呼雀跃的！

如果我们的目标是打造一个对孩子友好的家，那么，还有什么比让孩子发自心底地喜欢更重要的呢？

建立一个全家人都喜欢的空间

每天回到家，一家人吃完晚饭，孩子回到自己的儿童房，大人回到自己的卧室，各自开始晚上的生活。你想要的亲子生活，一定不是这样吧？

除了吃一顿饭，我们还会希望一家人能有更多的时间共处，一起做一些别的事情，或者仅仅是互相陪伴着，各自做一些事情。对于年龄比较小的孩子来说，他更加不喜欢长时间独自待在自己的房间里。

从一开始我们可能就忽视了这一点，直接把亲子空间等同于一间儿童房，给孩子分配一个房间，安顿好他的物件，就以为搞定了。其实只要有了孩子，我们整个家就都是亲子空间，尤其是客厅。

很多人家的客厅都是沙发、电视、大茶几的标配。但是现在的父母又不鼓励孩子看电视，于是家里这个面积最大的空间就被白白浪费，变成了不知道该怎么用的、华而不实的存在。

现代客厅的新定义，是"家庭核心区"。对这个"家庭核心区"，我的一位客户，

1_ 温馨的"家庭核心区"

2_ 适当的"噪音"可以锻炼孩子的专注力

3_ 客厅的黑板墙可以增加亲子互动

一个一岁小男孩的爸爸，就曾经给我发来这样的设想："看书之类的学习行为可以放在客厅的大案桌上，每个区域都有可以调节或者移动的灯光，两个大人和小孩还有奶奶可以在客厅互动，但是可能是各自玩手机、看书、玩橡皮泥、聊聊天，喝喝茶。"

我自己在装修的时候也决定，客厅不要沙发，不要茶几，中间一张小桌，一家人围坐一起，孩子做手工，爸爸工作，妈妈读书；偶尔聊聊天，吃个水果，一起做做游戏；等到休息或者需要独处的时候，才回到各自的房间去……

除了相互陪伴，客厅还有一个特别的作用，就是给孩子提供一些"噪音"。

不知道你是否有同感，在一个略有干扰的环境中工作，比在一个完全安静的环境中更高效。在写作这本书的时候，我常常把自己关在房间里，却总是无法完全静下心来。这个时候我会直接背上电脑出门，找个咖啡馆坐下，在旁人似有若无的聊天声中，我的工作效率竟然变高了。

对于孩子而言也是一样。我们曾经认为，他必须在自己的卧室或者书房里做功课才能集中精神，但客厅也许是一个更好的选择。孩子在客厅的桌子上写作业，妈妈在旁边做着饭，既能让孩子感到一定的"监督"，不会三心二意地总是走神，又不至于有"妈妈一直盯着我"的压力，有需要的时候，还可以直接呼唤妈妈的帮助。

适当的噪音，更能锻炼出孩子有效的专注力。毕竟，在他将来的学习、考试、工作中，都不可能一直处在完全"静音"的环境里。

现在，我每次给客户做规划的时候，都会用"家庭核心区"这个词来代替"客厅"。如果他们家里有孩子，我会更加倾向于创造出一个"可以在相互陪伴中做自己的事情"的亲子空间。

因为，我们需要的不仅是一个可以"讨孩子欢心"的房间，更是一个可以"讨全家人欢心"的共同的空间。

第 4 章

物品收纳:
更友好的方法,
才能更轻松地维持

只是把儿童房布置得很可爱是远远不够的，这些小小的人儿啊，他们的东西可一点儿都不比大人的少。妈妈们一开始还能勉强应付，后来就渐渐寸步难行：柜子不够，抽屉不够，盒子不够！于是只好见招拆招，哪里有空塞哪里，塞不下了就堆在地上，看起来又满又乱不说，想要求孩子自己去整理，也成了不可能完成的任务。

说来惭愧，在这件事情上我也走过不少的弯路。我曾经不知道为什么突发奇想，去网上淘回来一个"乐高收纳神器"，它一共有 39 个大小不一的抽屉，可以将乐高按照颜色、形状、人物、配件等分装……整理完成后，看上去会非常整齐。

费了九牛二虎之力把它换上之后，我却发现，想象中孩子"优雅地打开对应的盒子，挑选想要的零件"的场景并没有出现。

因为不太能直接分辨出里面装的是什么东西，我儿子会反反复复地拉开每个抽屉找。盒子太小，里面的零件只要稍微没有摆放整齐，就会导致抽屉被卡住。更可

怕的是，这种收纳方式还意味着我们每次都必须把拼好的乐高完全拆成最小的零件，并进行分类之后，才能收起来——这不现实！

孩子几乎只会在乐高刚买回来第一次玩的时候按照图纸来拼，之后就都是自由创作，每次都是把所有的零件拿出来，再从中挑选。最适合他的收纳工具就是一个筐和一个簸箕。收拾的时候一分钟就能搞定，他自己都能完成。

并不是那个39个抽屉的盒子本身不好，而是对于孩子来说，它不合适。

在思考孩子的物品该怎样收纳之前，我们首先要想想使用它的真实场景：孩子是怎么使用这些东西的？是谁来拿取？是谁来归位？是否希望孩子参与？如果希望孩子参与，那什么样的收纳方式对他来说才是可能完成的？

我们已经知道，孩子的能力和意愿是在对他们友好的环境中逐步建立起来的，这个环境包括了空间、物品、人三个部分。在上一个章节中，我们了解了如何规划

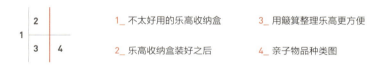

1_ 不太好用的乐高收纳盒　　3_ 用簸箕整理乐高更方便

2_ 乐高收纳盒装好之后　　4_ 亲子物品种类图

衣物配饰　生活杂物　亲子旅行物品

书籍绘本　手工材料和作品　亲子照片

玩具　大件物品和运动器材

孩子的空间，接下来我们就来看看如何收纳孩子的物品。

衣物配饰

孩子不断在长大，因此他的物品跟爸爸妈妈的物品最大的不同之处在于：这些东西一直都在快速更新和淘汰的过程中。

成人在经过合理的筛选后，衣橱可以进入一个较为稳定的阶段，无论是数量还是类型，都不会有太大的变化了。我们通常建议成人衣物采用不换季收纳，按照长短、厚薄、季节等，把所有衣物都收纳在一眼就能看见的空间里，可以大大减少换季时花费在整理衣物上的精力。

但孩子的衣物，是无法做到不换季收纳的。

今年春天的衣服，明年春天八成就穿不下了。换季不但是必须的功课，也是重新整理的好时机，可以提醒我们定期淘汰孩子穿不了的衣物，释放存储空间。

另一方面，衣物数量少一些也更适合孩子自己管理。如果希望孩子学着收拾自己的衣物，选择每天的穿着搭配，那日常衣物的数量就不能太多。把一年四季的衣物全都放在一起，尤其是非常拥挤地"塞"在一起的话，孩子自己管理起来就会很困难。

适合孩子衣物的收纳方式是"换季收纳"：
1. 把所有衣物分为冬、夏、春秋三类；
2. 当季的衣物放在好拿好放的位置，过季的衣物收到衣柜高处或深处；
3. 每年进行四次换季整理，及时淘汰，并进行收纳空间的置换。

3岁之前，衣物主要还是靠爸爸妈妈帮忙整理。3岁开始，就可以让孩子慢慢学

| 1 | 2 |

1、2_ 儿童衣橱

习整理了。孩子参与之后，衣物的收纳方式就要多多站在他的角度来考虑：

挂衣杆的高度是否够得着？

抽屉是否很容易打开？（有的衣柜自带的木质抽屉非常笨重且不安全）

叠衣服的方法是否足够简单？

衣物的收纳，堆叠法首先不可取。在又高又深的隔断里，把衣服层层叠叠摞起来，刚收拾完的时候挺整齐，但是过不了几天就乱套了。每次想拿下面的衣服，堆在上面的那些瞬间都会东倒西歪，想要维持整洁对大人来说都困难重重，更不用说小朋友了。

希望孩子自己管理的衣服，尽量采用直接悬挂的方式。如果空间有限，那就优先悬挂公主裙、小夹克、连帽衫这些不方便折叠的外穿衣物，采用统一的儿童衣架，挂在孩子能够着的高度。

挂不下的 T 恤和家居服，用直立折叠法收纳在抽屉里。

过季的衣物、床上用品等，需要我们帮助孩子进行管理的，即使放在高处或者不那么方便的地方也没有关系。

直立叠衣服的方法，就是把衣服都叠成"小方块"，竖着放到收纳盒里。

如果你去网络上搜索，就会发现收纳专家们已经为不同款式的衣服研究出了不

1_ 高处用轻便的箱子收纳孩子的床品

2、3_ 衣物直立折叠收纳

同的折叠方法。但是我知道你一定像我一样懒得去看，看了也记不住，记住了也做不到。仔细观察各种不同的叠衣方法，你会发现各种复杂的操作，其实都是下面两个步骤：

第 1 步：把衣物不规则的部分折起来，变成长方形；

第 2 步：把长方形变成能直立的长方体。

看，按照这两个步骤，是不是什么奇装异服都不怕了？

把衣物叠成长方形

把长方形变成长方体

教孩子叠衣服的时候，不妨就只告诉他"先变成长方形，再变成长方体"，做个简单的示范，剩下的就让他们自己去发挥吧。你会发现，充满想象力的孩子，在处理这些问题时比我们可强多了。

每件衣服都长得不一样，但是我们总可以把它们叠成一个样子，这是一件多么有趣的事情呀！

小朋友的袜子，我们之前比较习惯的可能是卷成一个个的球，像"肉丸子"一样，

小朋友可以独立完成衣物的直立折叠

肉丸子叠袜

直接丢到抽屉里。这种方法的空间利用率比较低，看上去很乱，袜口处还容易变松。

其实，袜子同样也可以采用直立折叠法。

寿司卷叠袜

饼干法叠袜

对于小女孩的长款打底袜，可以卷成一个圈竖着放进去，像"寿司卷"一样。

有脚跟的棉袜，可以用像叠衣服一样的"长方形－长方体"两步法直立折叠，像"饼干"一样。

小内裤也一样可以叠成"饼干"。

很多爸爸妈妈都觉得让孩子学习叠衣服是不可能的事情，就算他们愿意学也学不好。可是你知道吗？我教过不少成年人叠衣服，也教过很多小朋友叠衣服，结果发现，大部分的小朋友都比大人们学得更快更好。只要你愿意帮他们创造条件，耐心地教他们方法，他们一旦行动起来，一定会让你惊喜万分。

当然，爸爸妈妈也不要进入另一个极端，要求孩子每天都必须叠好自己所有的衣服。我们教孩子做整理的目的，不是把孩子变成叠衣服的机器人，更不是要用这些琐事来

饼干法叠内裤

消耗他们本来就很珍贵的快乐童年。只要孩子有了这方面的意识和能力,即使不是天天做,将来也一定能照料好自己的生活。

内裤和袜子也直立收纳在抽屉中

孩子完全可以自己叠衣服

第 4 章 物品收纳:更友好的方法,才能更轻松地维持　　069

书籍绘本

良好的阅读习惯可以让孩子受益一生，这是很多爸爸妈妈的共识。但如果家里的书籍绘本收纳不当，可能反而会阻碍孩子养成阅读习惯。

不同年龄段的孩子阅读的书籍种类不同，自身阅读能力也有差异，因此，书籍也需要采用不同的管理方法。

小婴儿的时候，一些撕不烂的布书、黑白彩色卡片、非常简单的小绘本，可以采用和玩具类似的方式，直接装在小型收纳盒里。

等到孩子开始独立阅读之后，书籍收纳按下面三个原则来做就可以了：

1. "正在读"和"没在读"的分别收纳；
2. 书籍的分类摆放不宜过于整洁细致；
3. 不过量购买，及时淘汰。

第一，"正在读"和"没在读"的分别收纳

希望孩子爱阅读，就不能把他常看的书籍像成人的一样全部整整齐齐塞在书柜里。对于孩子来说，只能看见书脊上的书名是没有什么吸引力的，也不方便寻找。

童书绘本的封面都设计得非常有趣，采用展示型的绘本架，把漂亮的封面朝外摆放，孩子可以轻松挑选，有的时候只是无意路过，也会被吸引而驻足，拿出一两本来翻阅一番。

但绘本架也有它的缺点，就是通常容量非常小。一个 4～5 层的绘本架也只能放 30 本左右的书籍，塞再多的话，又变得不好拿取了。

因此，我们可以将这两种方法结合起来：准备一个绘本架，再准备一个小书柜（或

者把爸爸妈妈大书柜的一部分空间空出来也可以）。

孩子可以独立阅读的、最近喜欢读的，或者我们希望他多阅读的书，展示式收纳在绘本架上。

需要我们陪伴阅读、最近不常读，或者提前购买的超龄书籍，则直立收纳到书柜当中去，由父母管理。为了方便拿取，可以在中间多摆放几个书立，或者用几个文件盒分区。

睡前亲子共读的书，可以装在收纳筐里，放在孩子的床头。这部分书籍的数量不宜太多，只放当前正在看的就可以，书脊朝上，孩子也能自己挑选和查找。

这三类书籍，根据孩子阅读的需求，定期进行置换。

1	2

1_ 小书装在收纳筐里
2_ 绘本架有利于展示书的封面

第 4 章　物品收纳：更友好的方法，才能更轻松地维持

1	4
2	
3	

1_ 书柜里的书

2、3_ 睡前阅读的书装在收纳筐里，孩子可以自己挑选

4_ 睡前读物、独立阅读的书、备选读物三类定期置换

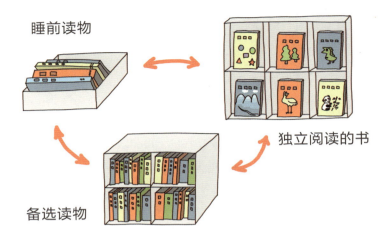

第二，书籍的分类摆放不宜过于整洁细致

成人书柜通常会按照内容、作者、尺寸、色彩细致分类，看上去一丝不苟，但这样的方法并不适合孩子。

小朋友们在拿书的时候喜欢随拿随放，过于细致的分类方式对他们来说太难记了，也很难维持。我遇到过一个客户，因为希望两个孩子多看书，在家里设置了七处书籍收纳点，采用了非常复杂的分类方式。最后连家里的大人都记不清楚，更不用说孩子了，结果就是想看书的时候总是找不到，看完了也懒得放回去，家里到处都是散落的书籍。

我建议她把分类方式简化，书籍收纳点减少一半，明确各人的归属。这样做之后，全家人都觉得轻松了许多，也并没有影响到孩子阅读的热情。

书是自重比较大的物品，无论你把书本摆得多整齐，当你拿走一两本之后，剩下的总会有那么几本东倒西歪，我们自己都懒得去扶好，更何况孩子。

这样的问题解决的方法就是：不用解决。

不要过分在意孩子的书籍放在书柜里是不是那么整齐划一，只要不混入其他莫名其妙的杂物，书本身再怎么乱也乱不到哪里去。只要它们基本上都能被放回书柜里，就可以算是完成归位了。

第三，不过量购买，及时淘汰

不管自己是不是个爱阅读的人，许多爸爸妈妈都会给孩子购买各种各样的书籍。我曾经在一个亲子社群里，看到大家动辄以"百"为单位来团购孩子的书籍。给孩子买书是一件很容易冲动消费的事情，因为我们容易产生一个错觉："买了"等于"学会了"，觉得只要把各种书籍全都搬到家里，书上的知识就进入孩子的小脑袋里了。

有的父母每天都带几本书给孩子，自己却拿不出十分钟来陪伴孩子阅读；看到获得大奖和好评的童书绘本，不买就觉得孩子错过了什么，却不去分辨到底什么样的内容适合孩子现在的年纪；家里几百上千本绘本，也不区分到底哪些才是孩子近期常常阅读的。

买回来的书，有多少看完了？这一点如果连我们自己都感到惭愧，又如何去要求孩子呢？

把孩子的书整理一遍，那些不再适合他年纪的图书，赠送给低龄的小朋友，或者直接舍弃。从现在起，当看到各种媒介向你推荐童书的时候，先问自己几个问题：

"这是我希望孩子阅读的吗？"

"以孩子现在的能力，能看懂吗？"

"以孩子的喜好，他会喜欢看吗？"

孩子的书籍并不是越多越好

节日安排清单

和孩子一起列出一年中重要的日子,例如新年、劳动节、母亲节、儿童节、父亲节、端午节、中秋节、圣诞节、全家每个人的生日、爸爸妈妈的结婚纪念日……记下它们的日期,然后一起讨论,在这些特别的日子里,要和家人一起做些什么特别的事情,把它们写下来。

把清单贴在家里显眼的位置或者黑板墙上。

节日安排清单

节日	日期	我们的安排

我的梦想清单

让孩子分享自己现阶段的梦想,越具体越好,写在清单的开头。一起讨论,为了实现这个梦想需要做哪些具体的准备,列在清单的下方。

把清单贴在玄关的位置或者黑板墙上,每完成一项就打勾,让孩子看到自己正在一步一步接近自己的梦想。

我的梦想清单

_____

要做的事	
	☐
	☐
	☐
	☐
	☐
	☐
	☐
	☐
	☐

目标计划清单

找到一个具体目标，把它详细地写在清单的第一行。

第 1 步：用便签纸列出相关信息；第 2 步：对信息进行归类分组，按照分组把标签纸贴入不同的方框中（可以根据实际情况增加或减少分组）；第 3 步：回顾目标，对每一组中的内容进行取舍，把舍弃部分的便签摘下来，贴到对应的方框中；第 4 步，根据第 2 步中留下来的部分，制定执行的计划。

目标计划清单

目标：_____

1. 要做的事：

   [贴便签处]

2. 归类分组：

3. 舍弃的部分：

4. 最后的计划：

   把你的安排写在这里吧

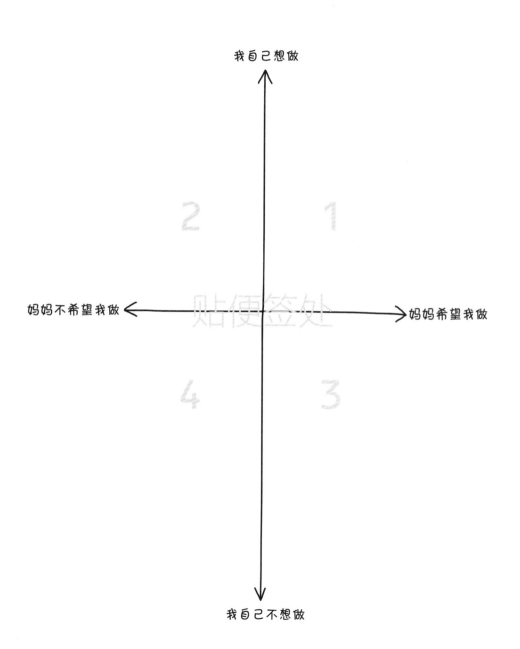

生活日程清单

和孩子一起头脑风暴,用便签纸列出一天要做的事情,按照四分法分类贴在不同的区域,按照 1—2—3—4 的顺序筛选,安排出每天要完成的事情,再给每个事情安排具体时间,写在日程表中。

把清单贴在显眼的位置或者黑板墙上。

生活日程清单:如何使用一天

时间	做什么

次日物品清单

和孩子一起在表格第一列写下每天上学出门前要准备的物品（周一到周五），例如：作业本、文具、红领巾、学生证、交通卡、要穿的衣服、要穿的鞋子，等等。

把清单贴在玄关的位置或者黑板墙上，每天完成之后打勾，或者用磁性贴标记。

次日物品清单

要做的事	完成
	MON TUE WED THU FRI SAT SUN ☐ ☐ ☐ ☐ ☐ ☐ ☐
	MON TUE WED THU FRI SAT SUN ☐ ☐ ☐ ☐ ☐ ☐ ☐
	MON TUE WED THU FRI SAT SUN ☐ ☐ ☐ ☐ ☐ ☐ ☐
	MON TUE WED THU FRI SAT SUN ☐ ☐ ☐ ☐ ☐ ☐ ☐
	MON TUE WED THU FRI SAT SUN ☐ ☐ ☐ ☐ ☐ ☐ ☐
	MON TUE WED THU FRI SAT SUN ☐ ☐ ☐ ☐ ☐ ☐ ☐
	MON TUE WED THU FRI SAT SUN ☐ ☐ ☐ ☐ ☐ ☐ ☐
	MON TUE WED THU FRI SAT SUN ☐ ☐ ☐ ☐ ☐ ☐ ☐
	MON TUE WED THU FRI SAT SUN ☐ ☐ ☐ ☐ ☐ ☐ ☐

进门整理清单

和孩子一起在表格第一列写下每天进门要做的事，例如：脱下外套挂起来、脱下鞋子放进鞋柜、把书包放到固定位置、处理口袋里的垃圾、洗手，等等。

把清单贴在进门的位置或者黑板墙上，每天完成之后打勾，或者用磁性贴标记。

进门整理清单

要做的事	完成
	MON TUE WED THU FRI SAT SUN □ □ □ □ □ □ □
	MON TUE WED THU FRI SAT SUN □ □ □ □ □ □ □
	MON TUE WED THU FRI SAT SUN □ □ □ □ □ □ □
	MON TUE WED THU FRI SAT SUN □ □ □ □ □ □ □
	MON TUE WED THU FRI SAT SUN □ □ □ □ □ □ □
	MON TUE WED THU FRI SAT SUN □ □ □ □ □ □ □
	MON TUE WED THU FRI SAT SUN □ □ □ □ □ □ □
	MON TUE WED THU FRI SAT SUN □ □ □ □ □ □ □
	MON TUE WED THU FRI SAT SUN □ □ □ □ □ □ □

"家里已经有类似的书了吗?"

要知道,我们想要的从来不是整洁的书柜,而是越来越爱看书的孩子。

学习资料、文具和书桌

"培养学生条理性"组织的创始人唐纳·戈德堡,曾经成功帮助许多孩子纠正过不良的学习习惯。她发现,很多孩子不好好写作业的原因,并不是他们不想,而是他们总是弄丢试卷、找不到课本和削笔刀,甚至仅仅是——不喜欢自己的书桌。

对上学后的孩子来说,玩具越来越少,随之而来的是越来越多的书本、学习资料和文具。这些东西甚至比我们客厅里的杂物还要多,还要琐碎。孩子不是生来就知道如何去管理好这些物品的,需要爸爸妈妈为他们创造条件,提供工具,并给予指导。

学习资料、文具和书桌的收纳原则有以下几点:

1. 按照科目分类;
2. 学期末定期整理;
3. 文具、工具按使用频率收纳;
4. 书桌尽可能地留白;
5. 书包瘦身竖立装。

第一,按照科目分类

不同科目的文件资料,分别收纳在不同的文件袋或文件夹里,便于管理。孩子上学后,文件袋和文件盒这样的工具总是不嫌多的。

文件袋用来分装一些单独的纸张、试卷,在外面贴上标签,然后和同一科目的书本放入一个收纳盒中,再给每一个文件盒都贴上科目的标签。

一些跟学习本身无关的资料，例如学校的通知单、活动安排等，也要专门装到一个文件夹里，不要随意混放在一起。

和孩子一起完成这些整理工作，并教给他们每次把资料直接放到对应的盒子里。

第二，学期末定期整理

孩子每升高一个年级，都会增加新的学习资料，如果从来不做整理，学习资料就会越积越多，收纳盒放不下了就堆在桌子上，影响日常学习。

每到学期末，和孩子一起把上个学期的学习资料进行整理，确定没有用的草稿纸、练习册等可以直接处理掉，剩下必须保存的部分，放入收纳盒里，同样贴上标签，收纳在不需要那么方便拿取的位置，比如书柜的高处或者深处。

有的时候孩子在新学期依然偶尔要用到上个学期的资料，因此我们可以设定一个固定的期限（比如两年）对学习资料进行淘汰。例如，三年级来处理一年级的学习资料。

除了课本之外，保留少量有纪念意义的物品，例如"第一次拿第一名的试卷""第一次考100分的试卷""自己最喜欢的作文"等，作为孩子的人生物品，放入专门的"纪念盒子"里，剩余的试卷手册等，就可以直接处理了。

1	2	3
		4
		5

1_ 按科目收纳

2_ 旧课本收纳

3_ 一个小朋友的文具集合

4_ 洞洞板收纳常用文具

5_ 收起来不常用的文具

第三，文具、工具按使用频率收纳

昨天刚买的笔，今天就不知道哪儿去了，橡皮买一块丢一块，尺子、胶水、胶带总是行踪不定——在你的家里，是不是也藏着一只"吃文具的怪兽"呢？

在帮一个三年级的小男孩整理房间时，我们从家里各个抽屉、收纳筐、桌子底下找出了12把剪刀、32块橡皮、13个卷笔刀、26把尺子，还有将近100支笔！它们不是被怪兽吃掉了，而是被随意丢在了房间的各处，想要用的时候找不到，只好又去买新的，于是家里的文具就越来越多了。

全部摆出来之后，文具的小主人吓了一跳，她的妈妈也表示说："小学毕业之前都不需要再买文具了吧？"

对于这些零散的杂物，我们首先要区分常用和不常用。

常用的只保留日常需求的数量，比如每种笔2~3支、橡皮1块、卷笔刀1个、胶带1个……这些常用文具放在书桌上的笔筒里，也可以用洞洞板之类的收纳工具挂在书桌边的墙面上，方便随时拿取。

剩下大部分不常用的文具都收到抽屉里，用抽屉分隔分类管理。用完了外面的，再从里面拿新的出来。

第四，书桌尽可能地留白

书桌和餐桌一样，是操作平面，而不是收纳空间。整洁的书桌，可以让孩子在学习的过程中更加专注。除了做作业的时候，其他时候书桌都应该是一个尽量空白

的区域。除了日常使用的工具书和文具外,至少要做到 80% 的空白。

学习时要用到的物品可以放入书桌附近的书柜、抽屉,也可以利用小推车这样的收纳工具,放在书桌附近的位置。剩下不必要的杂物,就不要留在学习区域来分散孩子的注意力了。

第五,书包瘦身竖立装

我常常在上下学时间,看见小学生们背着一个跟身材完全不成比例的、硕大的书包,让人不由得担心他们小小的身躯都要被压坏了。

打开书包来看看你也许会发现,里面其实装着很多已经不需要看的书、揉碎的草稿纸,或者早就做完了的试卷。如果爸爸妈妈不予以指导,孩子在上学前一晚,可能就是把所有的东西一股脑儿塞回书包,每天在家和学校之间背来背去。

1 书桌和小推车配合使用
2 书包瘦身竖立装
3 多袋文件夹装资料

书包不是收纳工具,而是运输工具。

它只需要装那些孩子每天必须同时在家里和学校使用的物品。那些可以一直放在学校的东西,或者可以一直留在家里的东西,就从书包里先拿出去吧。

书包里除了教材、本子、文具袋,可以再准备一个多袋文件夹或者风琴夹,将零散的纸质资料分类保存,方便查找,对单薄的纸张还能起到保护作用。

除了每天提前准备好第二天要带的物品之外,还要定期给书包"瘦身"。每个周末和孩子一起整理书包,把东西全部拿出来,书包清空,只保留需要用的物品,然后分门别类,全部竖着放回书包里去,需要拿什么的时候都一目了然。

玩具

你试过给孩子全部的玩具分类吗?这大概是让所有爸爸妈妈都头疼的难题了!我给孩子整理玩具的时候,就常常陷入一种"这究竟是什么东西"的迷茫之中。小朋友的玩具日新月异,只有我们想不到,没有我们买不到。

整理玩具的时候,我们首先可以把它们大致分为四个类别:积木类、场景类、安抚类、声光电类。

玩具分类

1_ 作品展示区

2_ 拼图收纳

3_ 乐高的收纳取决于孩子怎么玩

第 4 章　物品收纳：更友好的方法，才能更轻松地维持　　081

积木类

积木类，就是以单独元素拼接成整体的方法来玩的玩具，例如乐高、积木、磁力片等。积木类玩具收纳的时候，可以把"作品"和"材料"分开管理，对于拼接后暂时不再拆开的，专门放在展示区。剩下的原始材料，用收纳盒成套装在一起。

小零件比较多而不容易保存的拼图，可以放入带拉链的衣物洗护袋中，分套系收纳，就不会混在一起了。

像乐高这样数量成百上千、体积不同、形状各异、颜色多样，还有不同套系之分的玩具，是很多妈妈最头疼的玩具。在决定收纳方式之前，首先就要观察，孩子现在是怎么玩它的？

我儿子从前每次都是天马行空，随意挑选零件自己创造，所以他的乐高是直接全部混装在一个大盒子里的。4岁以后，我发现他开始可以按照基础形状、特殊形状、人偶这样的大类来自己管理零件了。于是就在原来的大盒子上面加了一个带分隔的小盒，让他把一些自己想要分类管理的零件放在里面，剩下不想分的那些，还是一股脑儿用簸箕"铲"到大盒子里。

有的孩子喜欢按照套系拼装，那就按照不同的套系来收纳，装入不同盒子。

随着孩子年龄增加，思维能力、动手能力、专注力都会渐渐增强，等到他自己可以做到按照不同颜色、形状来精准分类了，就可以再置换成更为细致的收纳工具。

总之，如果你不希望总是跟在孩子屁股后面收玩具，那所有的收纳方式都要按照"孩子自己也能完成"的标准来进行，让玩具收纳方式跟着孩子一起"慢慢长大"。

场景类

场景类也就是我们常说的"过家家"，像小房子、超市、厨房等玩具。孩子对这些玩具往往会有自己独特的玩耍方式，有的按照人物一天的生活，有的按照不同家庭的布局，有的喜欢把人物都放在一起，工具都放在一起，也有的按照不同角色来搭配。

1_ 乐高分类

2_ 乐高收纳

3_ 如果小朋友总是按照起床—游乐场—逛超市来玩耍，那就把玩具按照这个顺序摆在一起

4_ "做饭工具"可以放在一起

这个时候你只要记住一件事，那就是按照孩子玩耍的方式分类即可，不要强行加入我们自己的看法。"必须按照买回来时候的套装来分类"——这对小朋友来说可能就太无趣了！

尊重孩子的想法，孩子会更愿意整理，按照孩子能理解的方式收纳，他们才有能力完成。

安抚类

安抚类玩具，主要是洋娃娃和公仔，它们是小女孩的最爱。我曾经帮助整理的一个儿童房，小小女主人的公仔就装满了整整三个大箱子，她的妈妈还告诉我，这还是她偷偷扔掉了三分之二的结果！

公仔大大小小，用普通的收纳盒是放不下的，可以放入一些大而柔软的篮筐，

1_ 用软筐收纳公仔

2_ 公仔置物架

这样公仔们"住"在里面才会舒服。

公仔虽然可爱,但收纳难度高,材质也容易吸附灰尘、滋生螨虫,如果不定期清洁,对小朋友的健康会产生一定危害。既然早就预期到这样的烦恼,就不要轻易把它带回家。看到一个可爱的洋娃娃,拍一张照片留存,时不时拿出来看看,也是不错的呀。

我自己曾经也是个非常喜欢毛绒玩具的女生,但好在家里的小男生对此没有太大的兴趣,当了妈妈之后,我处理掉了其中大部分,只留下了一些比较有纪念意义的,摆放在了床头的置物架上。

声光电类

声光电类,指的是那些安装电池或者充电后,会发出各种声音和色彩的、发光

3 | 4

3_ 声光电充电器的收纳

4_ 声光电玩具

的玩具，如音乐机、遥控车、机器人等。

把所有的声光电类玩具关闭电源之后收在一个盒子里，然后再把所有的充电器和遥控器收在一起。如果不便于对应，可以在遥控器上贴上标签。这样做的好处是，有很多充电玩具的接口都是通用的，一线多用，就可以减少收纳充电器的麻烦了。

孩子对符合自己的心智且变化繁多的玩具感兴趣，比如大自然里的沙子和水，永远是孩子玩不够的东西。但声光电玩具的玩法通常都是预设好的，变化有限，对开发孩子的想象力的作用也很有限，可以尽量少购买一些这样的玩具。

玩具分类的真谛是"孩子怎么玩，那就怎么分"，那么玩具收纳的原则同样是"孩子怎么玩，那就怎么收"：

1. 拆掉原包装，统一收纳工具；
2. 使用孩子也能方便操作的收纳盒；
3. 按体积和数量收纳；
4. 少量展示，大量存储；
5. 不可或缺的随意箱；
6. 走到哪里玩到哪里的移动收纳。

第一，拆掉原包装，统一收纳工具

很多小朋友的玩具，从买回家就一直收纳在原包装盒中，一个盒子摞一个盒子放在柜子里。包装盒只是玩具作为商品存在时的包装，不是买回家之后的收纳工具，它们形状各异，色彩信息冗余，使用复杂，每次玩的时候都要非常费劲地拿出来放回去，看起来也显得乱糟糟。

玩具进到家里，第一时间就拆掉包装，把玩具都按照类别装到统一的收纳盒中去。

1_ 玩具放入统一的收纳盒中

2、3_ 适合家庭使用的玩具收纳架

第二，使用孩子也能方便操作的收纳盒

孩子小的时候，我曾经用过一个塑料材质的玩具收纳架，因为承托力有限，很快就变形了。

结实的木质多层收纳架，搭配无盖收纳筐，是玩具收纳的最佳组合。

多层的架子可以有效利用空间，开放式的收纳盒利于频繁取用，小朋友直接就能看见里面是什么，不用每次都翻来翻去，归位的时候也只要"扔"进去就可以了。

布艺收纳筐和塑料收纳筐之间，建议选择后者，如果喜欢无纺布的柔软收纳箱，也一定要用内部带支撑的款式。

如果是直接放在比较深的柜子里，就把收纳盒倾斜，朝外摆放，方便孩子拿取。

1_ 玩具朝外摆放方便孩子拿取

2_ 收纳箱的使用

辰辰

第三，按体积和数量收纳

如果把特别小的玩具放在大的收纳盒里，找起来就会很困难；如果同一套玩具的体积超过了收纳盒的容量，又不得不分散在多处，就会造成管理的麻烦。

建议根据玩具的数量和大小，分别采用大、中、小体积的收纳工具。每个盒子都以八九分满为标准。如果堆到溢出来、拿不动、塞不下，小朋友就会很难自己拿取和归位了。

你也许会发现，相比于小件玩具的琐碎，大体积玩具收纳起来更头疼。这跟我们成年人的物品是一模一样的。几个化妆品小样再怎么收纳也难不到哪里去，但一个行李箱就能把很多人难倒。

1	2
	3

1_ 大体积玩具收纳
2_ 中体积玩具收纳
3_ 小体积玩具收纳

自从意识到了这一点，我给孩子买玩具的时候，都会告诉他，大的玩具会很难收纳，要谨慎挑选。

第四，少量展示，大量存储

家有小男孩，就会有各种各样的小汽车，我也不得不想尽各种办法让它们都可以"有家可归"。比如说，我曾经试过把文件架改造成"停车场"，可以放下几十辆小车，还能每一层单独抽出来。

后来发现，孩子对"停车场"游戏的新鲜感，很快就被"怕麻烦"的感觉给战胜了，最后小汽车还是被直接扔在了一个收纳盒中。

连摆放好十几辆小汽车都如此，更不用说其他大量的琐碎小玩意儿了。把每一个玩具都整整齐齐排着队摆放在收纳架上，那一瞬间看上去是很整洁的，但只要把孩子

1_ 我家的文件架停车场

2_ 车类玩具收纳

3_ 展示类收纳不宜过多

4_ 随意箱不可或缺

		3
1	2	4

放进屋子里五分钟,整洁就被破坏了。谁有时间每天来反反复复摆放它们呢?即使有这个时间,也没有这个必要。

展示类收纳是需要的。但无论从维持整洁还是保持清洁的角度,展示型收纳都不宜过多。我跟孩子约定,展示玩具就是书柜这几层的区域,如果摆放不下了,就请他自己做出选择,展示哪些,收起来哪些。

第五,不可或缺的随意箱

帮小朋友整理玩具的时候我常常发现,任何在成年人看来毫无价值的物品,都可能被孩子赋予意义。即使我看到一颗毫不起眼的塑料珠子,都必须去询问小主人。因为我

知道，他很有可能会一脸严肃地告诉我："这是一颗价值连城的宝石！"

现在大部分玩具都是成套系的，但每个孩子都一定会拥有很多无法描述的玩意儿。因此每个孩子的玩具收纳里，都应该有一个无法描述的"随意箱"。

当整理玩具到崩溃之时，随意箱是我们的救星，它可以用来收纳那些对成年人毫无想象力的脑袋来说无法识别的东西。我儿子的随意箱里，放着各种弹力球、丝带、卡片、画着他喜欢的卡通图案的小盒子……甚至还有他从外面捡回来的石头。自从有了随意箱，我再也不为这些东西头痛了。

不过，随意箱的数量保持在 1 至 2 个为最佳，不宜超过 3 个。随意箱就好像我们自己的杂物箱一样，一旦设置过多，我们就会开始偷懒，本来明明可以明确分类的玩具，也干脆先扔到随意箱去。

当所有的分类都变成了"随意箱"，就等于没有了"随意箱"。

第六，走到哪里玩到哪里的移动收纳

虽然我们给孩子划分了游戏区，但小朋友玩耍起来可不会老老实实待在原地。我儿子就常常把一整套的玩具从儿童房搬到客厅去玩，然后再运回来。因为力气比较小，他每次总是要喊"妈妈，你来帮我搬一下"。

后来，我在儿童房增加了几个附脚轮储物箱，把那些数量很多又比较重的积木、大块乐高都放在里面。这样无论是搬到别处去玩耍，还是结束的时候归位，都直接装在盒子里推着走就可以了，孩子自己就能完成。

玩具收纳是教孩子学整理的重头戏。玩具是孩子们最亲密的朋友，是我们有了孩子之后的重点花钱对象，也是日常生活中最让爸爸妈妈崩溃的东西。

但无论如何请不要忘记，收纳玩具的目的，是为了让孩子更愉快地玩耍，并且从中学会管理好自己的物品。

1	1_ 附脚轮储物箱很适合孩子参与移动收纳
2	
3	2、3_ 孩子的作品收藏

让玩具"看起来更整齐",不如让玩具"收拾起来更简单",只有这样,才能让我们和孩子都感到轻松愉快。

手工材料和作品

我儿子自从上幼儿园之后,每天都会带回家各种手工作品——画作、橡皮泥小象、贺卡、圣诞树……尽管有的时候完全认不出是什么,我都会帮他仔细收好。孩子学到了新的本领,想象力和动手能力变得更强,这一步一步的成长,

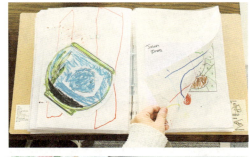

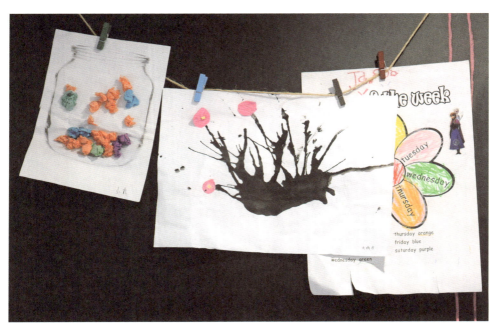

是每个妈妈都想永远保留的。

但是，如果我们把孩子所有的作品都存起来，迟早会变成无法承受的收纳负担。这样囤个三年五载后，每次看见它们的时候，都只会有重重压力，无法产生美好的感觉。

纪念品的收纳方式可以分为"收藏"和"展示"，我们也可以给孩子的作品设置收藏区和展示区。

需要收藏的画作，像文件资料一样整理好，收纳在多袋文件夹里，闲暇时候可以拿出来，和孩子一起翻阅欣赏。立体手工作品比较占空间，也不一定需要保存原作。拍一张照片，再把实体处理掉。

在家里打造一个"展示墙"，把需要展示的画作挂起来。

立体作品可以和乐高成品一样，直接陈列摆放。

作品展示区的空间不能无限扩张。每当孩子有了新的作品，我都会问他："要不要展示出来呢？"他会回答我"这个我不喜欢，收起来吧"或者"那个是很久以前的，把它换掉吧"。我们就会一起对展示区进行调整。

摆放了自己作品的家，一方面会让孩子认识到"这是我的家"，产生强烈的归属感，另一方面也会让孩子感受到"爸爸妈妈一直为我而骄傲"的心情。

1_ 作品展示墙

2_ 立体作品展示

3_ 全家的回忆箱

4_ 手工工具

5、6_ 文件盒躺倒

一段时间之后，比如年底，我会把所有收藏的作品拿出来，全家一起欣赏和挑选，再处理掉一部分，剩下的保留好，存入孩子专属的"回忆箱"，放在书柜的高处。我们家的每个人，都有这么一个"回忆箱"。

日常用来做手工的彩笔、画板等，采用直立收纳的方式，集中放入收纳盒中，放在画画的桌子附近。

各种纸张、图画书等，和书本资料一样，用文件盒分类后直立收纳。从文件盒里面拿东西，需要先拉出、再拿出，对于年纪比较小的宝宝来说，这样的动作还是有些难。

把文件盒"躺倒"，一个动作就能拿出来，孩子也能自己使用，自己归位了。

大件物品和运动器材

小件的玩具和杂物，就算没有耐心去仔细整理，只是一股脑儿直接装进盒子里，外表看起来也可以很整洁。但是大件物品就比较难办了，我们没有办法把它们装进收纳盒，如果柜子里又没有为它们预留足够大的空间，那就只能把它们堆在门口、阳台，甚至客厅卧室的空地上。大件物品的收纳最重要的就是"提前规划空间"，在装修或定制家具的时候，就要先考虑放"石头"的地方，再考虑放"沙子"的地方。

属于小朋友的大件物品有什么呢？婴儿车、玩具车、学步车、脚踏车、滑板车

等各种"车",以及滑冰、打球、滑雪等各种"器材"。

你发现了吗?这些物品其实有一个共同特点:它们大部分都是出门的时候是用的。出门物品的最佳收纳场所,非玄关莫属。

把它们放在玄关可以最大程度减少在室内的活动路径,不但方便,而且还有利于保持室内环境的卫生。试想一下,一辆轱辘满是泥的小车从家门口经过长长的路线来到家里某个收纳位置,很可能家里的地面就被弄脏了。

最好提前在玄关规划出一个空地,专门留给婴儿车;如果没有,可以试着把原来柜子里下方的层板拆除。小的折叠自行车可以利用墙面来收纳,把它挂上墙之后,这

1_ 玄关收纳

2_ 小汽车停车场

3、4_ 游泳背包

些物品就不会占用我们地面的空间,阻碍我们日常的视线了。

小朋友的各种玩具车、扭扭车,如果家里能够找出一个专门的区域收纳,不妨在地上用彩笔或者胶带标出一个"停车场",每次让孩子自己"停车入库",他一定会乐此不疲,妈妈也省去了每天跟在后面搬来搬去的麻烦。

像游泳、旱冰、骑马、滑雪器材之类的物品,可以按照主题分别打包。我儿子日

1_ 球筐

2_ 球爪

3_ 球类收纳架

常有游泳课，我就用一个大书包直接把泳衣、泳镜、浴巾等装在一起，放在玄关柜里，出门的时候直接背包走人，进门直接放下收纳。

有男孩的家里一定有很多"球"，放在方盒子里占空间，放在地上又滚来滚去。可以放在比较柔软的圆形收纳筐中，也可以使用专门的球类收纳架。我以前把球带出门的时候，总是临时用塑料袋装上，后来换成了可以背着走的"球爪"，解放双手，方便又好看。

即使有了这么多办法，很多妈妈依然觉得，家里面积太小，三四辆不同功能的婴儿车，除了堆在客厅，已经没有任何办法了。其实仔细想想，这三四辆婴儿车，是否真的有必要呢？

我儿子出生之后，用的是朋友家的二手婴儿推车，等到他一岁学会走路，就把车子转卖，换了一辆轻便的伞车。两岁之后，连伞车也不用了，大多数时候都是让他自己走路，超过他步行能力范围的路程，我们就暂时先不去。家里只保留了一辆可以登机的折叠手推车。这辆车现在被放在汽车后备厢中，连"家门"都不让进了。

我也曾经因为孩子喜欢上各种儿童玩具车，想都没想就把它们买回家。结果却发现，孩子不过是三分钟热度，却把家里宝贵的空间都占用了，给自己增添了不少麻烦。所以大件物品下单之前，除了是否喜欢，还要想清楚的一个问题是——有没有地方放？不管你是否提前考虑，是否假装不在意，这个问题迟早都要面对。

生活杂物

除了儿童房，家里的客厅、厨房、餐厅、卫生间、玄关等各个区域，也都是我们和孩子共享的生活空间，因此，也要考虑到物品收纳方式对孩子的影响。

什么事情是我们希望孩子自己做的？什么事情是我们不希望他们做的？与其总是

唠叨孩子的生活习惯，不如先从收纳方法上动动脑筋。

每天回到家中，我都会提醒孩子去洗手。虽然已经在洗手池为他准备了一个脚凳，但这么一件小事，他还是需要反复催促才会去做。后来我才发现问题所在：他虽然够得着水流，却够不着水龙头的开关。就算他是主动地跑过去洗，也得等着爸爸或妈妈去帮他打开水龙头，而我们两个往往都在自己忙着脱鞋、换衣服，无法及时去帮助他。对于他来说，洗手就变成了一件"总是要浪费时间等妈妈来"的事，所以越来越不愿意去做了。

于是我从超市买回来一只玩具机械臂，把它挂在水池边，并且告诉孩子说："看！你可以像机器人一样自己开关水龙头了！"从那以后，他对这件事情就乐此不疲，再也

不需要我们提醒，每天回家都自己先跑去洗手，就算我想上前帮忙他都不愿意了。

其实生活中的很多其他场景都是类似的：

孩子可以随意吃的零食，放在餐边柜的下方，他自己能直接拿到；希望他少吃的东西，收在高处的柜子里，或者干脆不要带回家。凉水和水杯摆在边柜台面上，想喝水，自己倒。

洗手池添加了脚凳，孩子的口杯、牙刷、毛巾、洗手液、擦手巾都放在洗手池侧面高度合适的位置，小朋友的基本生活自理，完全没有障碍。马桶配置了儿童坐垫和脚凳，上厕所不用喊妈妈。洗澡穿的拖鞋，收纳在浴室墙壁低矮处的挂杆上，直接用脚就能够着，孩子每次洗完澡都可以自己把拖鞋放回去。

1　玩具机械臂让孩子爱上洗手

2　零食筐收纳

3　水杯收纳

4、5　洗手池收纳

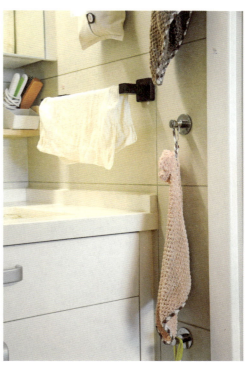

1	2	4	5
3		6	

1_ 方便孩子刷牙的脚凳

2_ 马桶配备儿童脚凳

3_ 拖鞋收纳

4_ 厨房儿童餐具收纳

5_ 适合儿童使用的晒衣挂杆

6_ 不想让孩子动的东西请锁起来

儿童餐具收纳在厨房一侧专门的柜子里，高度正好适合小朋友自己拿取。

阳台晾晒衣物的位置，在下层增加了儿童专用的挂杆，做一个可以自己晒衣服的小朋友吧！

希望孩子做的事情都扫清了障碍，而那些我们不希望他参与的事情，和不希望他拿到的物品，例如螺丝刀和电钻之类的工具、易碎的纪念品、热水等，都收在了带锁的抽屉或橱柜的高处，环境的约束自然阻止了孩子去操作，而不是靠妈妈不停地说"不行""不要""不可以"。

在厨房、卫生间、客厅这些一家人共享的地方，尽量给孩子的物品划分出明确的区域，而不是和大人的随意混放在一起。分配给孩子单独的抽屉、格子、盒子……他

门口鞋柜的区域划分

不但更容易理解,也能形成物权意识。

多和孩子沟通,哪里是他的空间,哪里是爸爸妈妈的空间;哪些东西是属于他的,哪些东西不是他的。爸爸妈妈首先要做到尊重孩子,然后才能对孩子提要求。

这就是我们之前说的:通过环境的约束减少孩子做出不可接纳的行为,通过环境的配合引导孩子做出期待中的行为。

随着孩子慢慢长大,原来的环境约束可能也会渐渐失效。够不着的他会搬个凳子,抽屉锁也轻易就打开了。这个时候,相比看得见的"边界",看不见的"边界意识"就更加重要了。

我儿子常常把玩具随手放在餐桌上,我并不会直接帮他收拾好,而是会告诉他:"你的玩具可以放在你的房间或者客厅的地毯上,但放在餐桌不可以,这里是一家人吃饭的地方。"提醒他几次之后,他就能自觉遵守了。

亲子旅行物品

相信很多妈妈都和我一样，本来很喜欢到处去玩，等生了孩子之后，就变成了很喜欢带着孩子到处去玩。带孩子出去旅行是一场大阵仗，光行李的准备就比我们的闺蜜行、蜜月行要复杂得多。

亲子旅行的物品准备可以按照下面的方法来操作：

1. 尽可能精简物品；
2. 根据孩子的年龄选择行李箱；
3. 考虑孩子的特殊需求。

第一，尽可能精简物品

带一些打算处理掉的衣物

孩子会有一些尺寸已经比较勉强、下一季肯定没法再穿的衣服，我会把这些衣物集中收纳在某处，在旅行的时候根据需要带上几件。旅行回程总是会因为买东西而增加行李的重量，这个时候如果能扔掉一些带过去的衣物，就可以为添置的物品腾出一些空间了。旅行过程中换下来的衣物不用洗就直接丢弃的感觉，简直不要太痛快。如果衣服已经很旧了，就不要穿出去逛街拍照，当作在酒店的睡衣即可。

尽量一物多用

每次带孩子出门，我都会带上一个可以当抱枕的毛毯，休息的时候可以当枕头，也可以保暖；一件可防风防雨的薄冲锋衣，可以替代好几件外套的功能；卡骆驰（Crocs）的鞋子可以穿出去走路，也可以在酒店当洗澡拖鞋。多带一些可一物多用的好东西，就能减少旅程中的负担。

选择一次性物品

一次性毛巾、一次性包装袋……用完就扔，不用洗，不用往回拿，节省精力的同时节省行李箱空间。相较于雨伞，我有时候会给全家带上几件一次性雨衣，塞在包里丝毫不占地方（当然如果你去的地方已经确认是雨季，那最好还是带伞）。对孩子来说，一包婴儿棉柔巾、一包婴儿湿巾，就解决了整个旅程中的清洁需求。

出门之前，爸爸妈妈可以对旅行目的地做个了解，现在许多旅游景点都能租借婴儿车，机场也大都提供类似的便利，那就不需要辛辛苦苦把自己家的婴儿车带出门了。比较发达的大城市，随时都可以购买到所需的生活用品、药品等，除非明确一定要用到，或者是旅程中要使用的物品，否则就不要从家里打包带去了，等需要的时候再临时购买吧。

第二，根据孩子的年龄选择行李箱

要带的东西这么多，对行李箱也是个不小的考验。爸爸妈妈自己的行李，在保证结实的前提下，选择自重较轻的款式。

最重要的原则：行李箱的个数尽量不要超过可以提供劳动力的手的只数。如果孩子还常常需要抱的话，那更要减少数量，集中打包。

6岁以上的孩子，就可以给他买一个自己的小行李箱了。让他自己选择要带的物品，爸爸妈妈协助即可。从行李打包，到旅程拖运，都交给他自己管理，孩子自己也会很喜欢这么做。

3～6岁的孩子，不建议带独立的行李箱。他们体力较弱，旅途中注意力也不集中。小行李箱的容量非常有限，却要专门占用一只手去管理。如果孩子不小心在路上睡着，妈妈不但要抱着孩子，还要帮他拖着一个小行李箱，而爸爸不得不承担起全家行李的重担。为了让孩子有参与感，可以给他买一个小背包，自己背上一些小件的零食和玩具，这种形式上的参与，孩子就会很开心。

3岁以下的婴幼儿，行李和父母完全混合管理即可。我儿子小时候出门旅行，我会把全家的衣服装在一个行李箱里，剩下的物品装在一个行李箱里。无论是在旅途中还是酒店里，找起东西来都非常方便。

孩子3岁之后，我们每次出门都会给他拿出一个小背包，在这个包可以装下的范围内，让他自己选择带出门的东西。那个包里只能装几个小玩

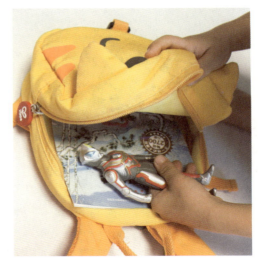

适合孩子的旅行背包

具，或者几本小小的书，他自己背着完全没有问题。这个数量是由"包"来约束，而不是由"妈妈"来约束的。这让他感到了充分的选择权，每次都会特别积极地自己筛选，再也没有提出过无限制地携带玩具的需求。

第三，考虑孩子的特殊需求

对于大人来说，缺了件外套就挨点儿冻，缺了把雨伞就淋点儿雨，没什么大不了。但是如果还带着孩子，那蚊子咬个包没能及时处理好，都是天大的事，所以为亲子旅行做准备的时候，我们总是感到很焦虑，恨不得把整个屋子都打包到行李箱里。

一般来说，孩子旅行也需要准备和大人同样的几大类物品：衣物鞋帽类、生活日用类、药品类、娱乐类、证件类等。除此之外，小朋友还会有一些特殊的需求：

奶粉或低龄幼儿的特殊食物

如果孩子年龄较小还不能直接跟成年人分享食物，就要专门准备一些他自己的辅

1_ 适合旅途的小体积玩具

2_ 密封袋等

3_ 全部旅行物品

食饼干,放在随身携带的背包里。如果旅程不长,奶粉也不用整罐携带,用奶粉分装盒按需分装即可。

随时可以喝热水的水壶

有些国家没有喝热水的习惯,只能饮用凉水或者矿泉水,对于大人来说可以将就一下，对小朋友来说可能会影响健康。随身携带温开水，有的目的地酒店并不提供热水，因此如有必要，还需要带上能够烧热水的工具。

具有安抚作用的玩具

小朋友去到陌生的地方，带上两三件熟悉的玩具陪伴，就能减少不安全感。旅行携带的玩具，以孩子睡觉时的安抚类优先，通常白天孩子都能玩得很开心，到了晚上则可能会因为环境陌生而感到不适；其次，以体积小的优先，同样是消磨一个小时的旅途，一个大体积的玩具能玩 10 分钟，同样的收纳空间换成五个小体积的玩具，就可以玩上 50 分钟都不无聊。

密封袋、尿袋、垃圾袋

孩子的物品常常对卫生程度的要求都比较高，我会预备几个密封袋，可以用来装洗好的水果、餐具、毛巾等，避免跟行李中的其他物品混在一起，沾染细菌。此外，我还会带上几个一次性小垃圾袋，旅途中并不是随时随地都有垃圾桶的，产生的垃圾自己先装好，再一并丢掉，可以给孩子做出一个爱护环境的好榜样。此外，孩子想要如厕的时候经常特别着急，如果附近没有厕所也是很麻烦的，所以只要带孩子出门，我都会背上一次性尿袋。

药品

带孩子出门，我会带上退烧药、止泻药、外伤药三种常见疾病的儿童专用药，以备不时之需。如果去的是发达城市，基本上这些就够了，其他药品可以临时购买，或者直接去看医生。如果去的是相对偏僻的地区，还可以带上感冒药、止咳药、消炎药、消化药等药品。

孩子的药品要放在随身携带的背包里，否则如果行李已经托运，孩子在机场或旅途中突发疾病，爸爸妈妈就要束手无策了。

孩子常用药品

很多人说，带孩子出游如同搬家，恨不得从出门到目的地全程复制出一模一样的环境，好让孩子感到舒服自在。可是带孩子出去旅行，我们的初心不就是让他去多多体验外面的世界吗？所以，在安全舒适的前提下，减少和家里重复的元素，让他把更多的注意力放在旅途中的新鲜事物上，才能体现出亲子旅行的最大价值。这一点，从帮孩子选择物品和打包行李时，就可以开始准备了。

亲子照片

每年年终，我都习惯选几张这一年最精彩的照片，拼个九宫格发在社交媒体上纪念一下。在我当上妈妈的第一年，当我打开手机想要选照片的时候，发现自己的相册里，除了孩子，还是孩子。

我相信很多妈妈都和我一样，不管以前是多么热爱美食、旅行、自拍……自从有了孩子，手机相册就被他们完全占领了。尤其是刚当妈妈的时候，孩子同一个表情都能拍十几张一模一样的照片留下来，怎么都觉得不够。

在胶卷时代，没有谁会没完没了地去拍照片，但数码时代的来临改变了一切。一张照片通常只需要几兆的空间，折算下来只花一块钱就能保存至少三千张的照片。这么低廉的成本，干吗不干脆先拍了放在那里再说？

我们会这样做，是因为忽视了整理照片的难度——那是一件光想一想就要崩溃的事。数量太多，细节太多，分类复杂，还需要一张张打开才能鉴别。时间拖得越久，照片积累得越多，就越难以鼓起开始整理的勇气。扔掉一件没用的杂物、一双穿坏的鞋子并不难，但是看着照片上孩子无比灿烂的笑脸，想要按下删除键，却总是下不去手。

不占空间，不好整理，不愿意舍弃，这些都不应是阻止我们行动的理由。我们应该问自己的是：留下这些照片，是为了什么？

在遥远的未来，老了以后的某一天，孩子已经离家远去，拥有了独立的生活，已是老太太的我心血来潮，泡壶茶，坐在阳光下，一张一张翻看这些令人回味的美好瞬间。我一定不希望，每打开一个文件夹，几百张没有经过整理的照片像洪水一般扑过来，同一个姿势同一个场景不断重复，拍糊的拍错的夹杂其中，那我估计会一怒之下关掉相册，干脆出门去跳广场舞。

亲子照片整理可以从以下几个方面入手：

1. 尽量精选；
2. 不要等，立刻处理；
3. 集中存储；
4. 精华部分打印实体相册。

第一，尽量精选

我自己在拍摄婚纱照的时候，选了一个很复杂的套系，各种照片各种摆台，还购买了全部底片。后来却发现，想看的时候，只会拿出那么几张自己最满意的，其他的照片早就扔到九霄云外去了，那些摆台和相框更是成了放也没处放、扔又没法扔的累赘。等我再拍孕照和孩子周岁照的时候，我直接选了最简单的套系，20张底片，不要任何附加产品。

第二，不要等，立刻处理

用手机拍完照片发现糊了——立刻删；

同一个取景拍了很多张——留下最喜欢的一到两张，其他的立刻删；

从外面旅行回来——一个星期之内务必将照片整理完毕……

一旦你在当下某一刻产生了"以后再整理"的想法，那么这个"以后"就永远不会到来。照片不像衣服，会挤爆你的衣橱让你每天都感到烦恼。把它扔在一边，它并不会跳出来干扰你的生活。它只会默默地越积越多，越多越难整理，越难整理越不敢开始，陷入无尽的恶性循环。

第三，集中存储

自从有了孩子，家里每个人都是摄影师。单反相机、卡片机、手机、iPad、爸爸的手机、妈妈的手机、爷爷奶奶姥姥姥爷的手机……里面全都是孩子的照片。手机本身并不是存储工具，它不但容易丢失，而且容量也有限。照片要统一管理，统一备份，才能方便日后查看。

建议你为家庭建立一个"集中存储"的系统。

你可以选择云端存储，也可以采用在家里自己安装一个硬盘服务器。它们都能提供足够大的空间和易于使用的客户端。只需要事先建立好文件夹的结构，开个家庭会议传达精神，教会所有成员使用客户端，就可以一劳永逸了。每个家庭成员各自拍好的照片，从客户端登录，找到你事先建立好的文件夹，选择照片、上传，就完成了！

有的人会把孩子的照片和大人的分开存放，这种做法可能带来的问题就是：妈妈和孩子的合影放在哪里呢？同一次出游，妈妈和爸爸的合影，和一家三口的合影要分开存放吗？这无形中让我们整理照片的过程变得非常复杂。

照片分类遵守简单、唯一的原则就可以了。我会按照两个级别来对照片文件夹进行命名：一级命名是"年份"，二级命名是"时间+场景"。没有具体场景、日常随意拍摄的照片就直接存放在根目录。

集中存储，一方面可以减少重复。同一次游玩的照片都集中在一起，不会这个手机里几张，那个电脑上几张。另一方面还能降低丢失的风险，云端服务器或者硬盘服务器一般都能够提供自动备份的功能。

两级命名的照片文件夹

第四，精华部分打印实体相册

虽然电子照片很方便，但是，就好像很多人在有了电子阅读器之后还是喜欢阅读纸质书一样，欣赏实体相册，依然会带来查看电子相册无法替代的快乐。

可以每隔一段时间，选择一些精彩瞬间打印成纸质照片，做成相册。网络上也有很多提供这种照片打印服务的商家，直接把照片发过去，很快就能收到制作精美的成品。如果你不想泄露孩子的隐私，也可以像我一样在家里添置一台便携式照片打印机，随时随地打印出喜欢的照片。

我在孩子一岁的时候，为他精心制作了一本风琴相册。我至今依然清楚地记得那几天，孩子睡着之后，我爬起来坐在床边一张一张选照片、打印、粘贴、装饰……手作带来满满的幸福感。这本相册我们现在还经常拿出来和孩子一起悄悄说，我打算以后把它送给我的儿媳妇当见面礼。

1_ 便携式照片打印机

2_ 手作相册带来满满的幸福感

新生儿物品

孩子物品收纳这件事，应该从什么时候开始做呢？不是东西开始放不下的时候，也不是乱到受不了的时候，而是从孩子即将加入这个家庭的那一刻，就要做好准备。

朋友的孩子还有一个月就要出生，然而，家里除了买了些纸尿裤和奶粉，一切都是老样子。新生命的到来会带来生活状态的巨变，你也许会手忙脚乱鸡飞狗跳，也许会游刃有余享受新生活，差别就在于有没有做好充分的准备——这个准备指的不仅是购买孩子的各种用品，还包括你打算把它们放在哪里。

初为人父母，那份前所未有的欣喜和无边无际的爱，变成了永远也穿不完的新衣服、看不完的绘本、吃不完的零食、玩不完的玩具……总之别人家孩子有的我们一定要有，别人家孩子没有的我们也最好有。

给孩子拿东西的时候，爸爸妈妈爷爷奶奶齐上阵，收拾起来也是各有各的习惯，没多久就乱成了一锅粥，一家人还容易互相埋怨。如果能提前考虑到这种情况，爸爸妈妈就可以通力合作，在宝宝出生前，就对家里进行收纳的改造，为孩子的物品腾出专门的空间来。

新生儿的主要物品一般包括以下几类：
1. 衣物配饰；
2. 纸尿裤、奶粉等快速消耗品；
3. 生活用品；
4. 玩具。

第一，衣物配饰

新生儿的衣物尺寸都很小，并不需要占用太大的空间，最开始的时候，只需要在爸爸妈妈的衣柜里给他腾出一两个专门的抽屉，也可以添置一个专用的斗柜。新生儿的衣服可以采用直立折叠法。遇到特别小件不方便折叠的，就简单卷一下竖着放进抽屉里。

1	2
	3

1_ 新生儿衣物收纳

2_ 新生儿袜子收纳

3_ 用小筐收纳婴儿用品

更简单的方法就是直接顺手丢进去——当然，这样做的前提是你已经对收纳空间进行了分隔。爬服一个抽屉，上衣一个抽屉，裤子一个抽屉，袜子一个抽屉。少量的同类物品放在一起，即使没有折叠得整整齐齐，也很容易找到。

口水巾、垫布等纺织类物品，按照尺寸、用途分类，折叠后直立放入抽屉里，用分隔盒分开收纳。

第二，纸尿裤、奶粉等快速消耗品

有小婴儿的家庭，家里都有两座大山——一座"纸尿裤山"，一座"奶粉山"。它们的体积很大，数量很可观，如果不提前规划好位置，就会整包整箱地堆在房间里，不仅影响家人的活动路线，还阻碍空气流通，让本来就充满压力的新手妈妈更加心烦意乱。

纸尿裤和奶粉都属于消耗品。消耗品的收纳最重要的就是先区分"正在使用"和"备用"，将它们分开收纳。正在使用的以一周的量为准，放在随手可及的地方。剩下备用的则集中收纳到柜子里或者储藏室中，用完了再拿取。

第三，生活用品

润肤霜、护臀膏、棉签、湿纸巾等生活用品，都是新生儿日常频繁使用的，需要的时候就希望立刻能拿到。可以找一些干净柔软的收纳盒，把它们放在床的一侧。或者使用婴儿床收纳袋，直接挂在床边。

第四，玩具

婴儿玩具和大孩子的玩具很不一样，基本上都是用来练习抓握或者牙咬的小玩意儿。它们数量不多，体积也不会太大，装到一两个盒子里就能解决。

但是婴儿玩具对清洁卫生的要求非常高。小宝宝们每天不是把它们拿在手里把玩，就是放在嘴里啃，或者玩一会儿再放进嘴里啃一会儿。这时候的宝宝自身免疫力还比

带孔的婴儿玩具收纳筐

用推车放新生儿物品

较差,妈妈们看见这个场景立马就会神经紧绷:"上面有多少细菌啊?"于是,反复清洁这些琐碎的小玩具,就成了我们每天要重复无数次的功课。

用来收纳婴儿玩具的收纳筐,除了本身材质要无毒无味之外,最好还要易于清洁。可以选择食品级材质的带孔收纳筐,每天直接用这个筐装玩具,需要清洁的时候整个端去冲洗。如果有必要,还可以用热水消毒,然后再全部拿去阳台晾晒。这样做可以最大程度减轻妈妈们的工作量。

做完这些,妈妈们可能会发现,问题还没有完全解决。

我们常常要抱着孩子在屋子里到处走动,如果东西都收纳在婴儿床附近,孩子在客厅或其他房间活动的时候,还是会感到不方便。突然流口水了,纸巾呢?突然拉臭臭了,纸尿裤呢?想逗宝宝开心一下,小玩具呢?如果每次都要跑到卧室去拿的话,那就太麻烦了。结果就是纸尿裤、玩具、纸巾占领了客厅、餐厅、卫生间,甚至厨房,家里到处都是宝宝的东西。

"真是恨不得随时背个妈咪包在身上呀！"我的朋友这样跟我说。

其实，完全不用一直背个包那么辛苦。对于在家里需要"多个位置使用"的物品，只要一个能够实现移动收纳的小推车就能完美解决。从纸巾到纸尿裤再到各种护肤霜和药品，都可以放在这么个带轮子的小车上，孩子在哪儿就推到哪儿，随时拿取，整洁又方便。

"产前整理"这样的咨询服务，在日本和欧美国家已经非常成熟了，在国内也正在快速发展中，准妈妈及新手妈妈也可以找到专业的整理师，来提供一对一的帮助。

孩子会给我们家庭生活节奏带来很大的变化，新手父母除了感受到幸福，也会感受到焦虑。让空间整洁、物品有序，可以在很大程度上缓解这样的焦虑，减少产后抑郁症的可能。就算我们都是人生第一次做爸爸妈妈，但只要提前做好了规划，也一定可以从容拥抱新生活。

两个孩子的物品

最近几年，很多家庭都迎来了第二个孩子，不但经济压力变大了，生活空间的压力也如期而至。有一些本来并没有打算生二胎的父母，在一开始规划家居收纳时，完全没有考虑到还要"兼容"两个孩子的情况。家里大一点儿的孩子，对于突然来了一个和自己争夺空间和玩具的小家伙，也感到不知所措。

我的一个客户就遇到了这样的难题。她有两个女儿，姐姐7岁已经上学，妹妹5岁还在幼儿园。妈妈希望做家务的同时能够照顾到两个孩子，就在客厅找了个位置，两个小书桌摆在一起，书籍也放在一起，玩具基本上都是两个人共享。

结果两个孩子做不到各自管理好各自的物品，书桌上堆满杂物，客厅的电视柜上也全是孩子的玩具，爸爸妈妈不但自己的空间被无限制地侵占，还总是要担当法官的角色来调解矛盾，忙得不亦乐乎。

其实，我们完全可以通过对空间和收纳的合理规划，来改善这些问题。

两个孩子的物品收纳，首先要考虑的就是孩子们各自所处的年龄阶段。参考我们之前给出的孩子的发展阶段，分为0~3岁，3~6岁，6岁以上三个区间。

如果两个孩子年龄相近且都比较低龄，可以采取共享空间，在空间内部再区分的收纳方式。比如使用同款但不同色、不同图案，或者不同标签的收纳盒。

如果孩子年龄相差较大，处在不同的发展阶段，就要分别考虑两个孩子当前的需求，加以区分。

如果两个孩子都已经大于6岁，进入需要满足独立感的时期了，尤其是性别不同的话，就必须分配独立的空间了。即使每个孩子专属的区域不是很大，也一定要有明确的边界。

1_ 用不同颜色的收纳盒来区分两个孩子的物品

2_ 两个孩子有各自专属的空间

3_ 两个孩子的儿童区收纳前

4、5_ 两个孩子的儿童区收纳后

7岁的姐姐已经上学,需要有相对安静、独立的空间来写作业;5岁的妹妹虽然还处在以玩耍为主的幼儿园阶段,但其实在不久的将来也要成为一名小学生了。两个孩子都到了6岁左右这个"开始独立"的年纪,不再喜欢什么都和别人共享,而是需要对空间和物品进行分离,宣誓各自的主权。

于是我建议,把原先放在角落的置物架直立起来,作为"边界",将空间一分为二:左边是妹妹的地盘,主要收纳绘本和妹妹的玩具,摆放妹妹的书桌;右边则给姐姐打造出了一个半开放的"小书房",收纳姐姐的书和玩具,摆放姐姐的书桌。

空间和物品都分清楚后,由两个孩子亲自给自己的地盘贴上了标签。

有趣的是,在整理之前妈妈告诉我,姐妹俩的玩具都是共享的,分不清楚具体的归属。但是在我和两个女孩一起整理的过程中却惊喜地发现,她们自己对于"每一样玩具是谁的"这件事,都明明白白,偶尔出现物权不清晰的情况,也能立刻协商解决。

1	2	3
		4
		5

1、2_ 两个孩子给自己的空间贴标签

3_ 共享玩具

4、5_ 电视柜收纳前后对比

第 4 章　物品收纳：更友好的方法，才能更轻松地维持　　123

原来，这件事只是妈妈搞不明白而已呀！

最后我们选出了一小筐"共享玩具"，摆放在两个小小空间的连接处，归两个孩子共有。

经过这样的重新规划之后，不但姐妹俩都很开心，客厅的电视柜也空了出来，本属于爸爸妈妈的位置也还给了他们。

各自拥有专属空间并不表示 100% 的划清界限，两个孩子依然可以共享同一个"阅读区"，同一个"儿童小客厅"，或者同一个"游戏区"……只要物权清晰，自己的物品自己管理。在想要单独做事情时，每个人都有不受干扰的私密空间，就很好了。

我只有一个孩子，对于有两个孩子的家庭，日常有多少烦恼，又有多少欢乐，只能靠听说和想象了。但从收纳的角度，孩子与孩子之间，孩子与父母之间，都无外乎是人与人的关系。你如何和自己的伴侣去共享客厅、卧室、厨房，就让两个孩子如何去共享他们的空间和物品。

统一之中有所区分，这样的空间体现出来的精神，就如同孩子们虽然血脉相连、相互陪伴，却又拥有各自独立的人格和属于自己的人生。

虽然两个孩子需要分享空间，分享物品，甚至分享爸爸妈妈的爱，他们单独拥有的可能比以前要少了，但在兄弟姐妹相互的影响下，多个孩子的家庭其实更容易建立起规则秩序，培养尊重、协作的意识，这可是独子家庭羡慕不已的呢。

第 5 章

引导法则：
感受更愉快，行动才更积极

我在外面忙了一整天回到家，看见屋子里满地都是孩子的玩具，烦躁的情绪"噌"的一下就上来了，凶巴巴地对他说："赶紧收拾好，不然晚上就不准看动画片了！"

正在忙着拼积木的孩子抬起头，一脸茫然地问："妈妈，收拾屋子跟看动画片有什么关系？"

他这一问，还真把我给问住了——是啊，收拾屋子跟看动画片有什么关系？

"只有你……才可以……"

"如果你不……那就不能……"

想必这也是许多爸爸妈妈常用的句式吧！当我们希望孩子按照我们期待中的去做时，就会不自觉地动用自己的权威力量。曾经就有一位妈妈跟我说，她让孩子收拾玩具的办法很简单，放出扫地机器人，告诉孩子不立刻收拾好就会被机器人扫掉，于是每次孩子都吓得赶紧把玩具藏起来。

这样的方法看起来非常有效，那是因为，此时此刻的父母，无论是能力还是心理都比孩子要强大得多。但其实我们心里都清楚得很，这种强大只是暂时的。

不让看动画片的威胁，在孩子拥有自己的电子设备时，就失效了；机器人扫玩具的威胁，在孩子懂得自己操作机器人时，就失效了；不能吃棒棒糖、不给买玩具、不允许出去玩……随着孩子的成长，这些手段迟早都会有失效的那一天。

当父母的权威力量失效时，孩子整理的动力从何而来呢？比这种失效更糟糕的是，如果总是在这种威胁中去整理，小朋友们就渐渐会把"收拾屋子"和"不开心"的感觉联系起来：不能看动画片、不能买玩具、玩具被扫进垃圾桶……如果整理总是和痛苦连接在一起，那又怎么可能会有主动去做的意愿呢？

美国的早教专家凯瑟琳·柯西在《积极指导儿童的101条原则》中，提到的第一条就是："在纠正之前先建立关系"——建立一种关爱的、和睦的关系可以让孩子对你的指导产生积极的回应。

整理围绕人、物品、空间三个领域，缺一不可。教孩子学整理先从"空间"和"物品"的物质环境入手，建立秩序，最后才是"人"的介入。但相较于物质环境，"人"却是更重要、更棘手的部分。毕竟我们的最终目的，并不是眼前这个房子是不是足够整洁，而是想要通过学习整理，在孩子身上产生长远的、正面的影响，形成更和谐的亲子关系。

我们已经了解了适合孩子的家居空间应该是什么样子的，适合孩子做整理的收纳方法又是如何。接下来，我们就要进入教孩子做整理的环节了。我将和大家分享引导孩子做整理的 20 条法则。

·法则 1·
父母的角色随着孩子的成长而变化

我在帮小朋友们整理玩具的时候，发现了一个很有趣的事情。遇到一件已经不怎么玩了但又有点儿舍不得的玩具，如果我告诉孩子说"你看，这个上面写着 3+，意思就是三岁的小朋友玩的"，他就会毫不犹豫地说："那送给弟弟妹妹玩吧，我不要了，太幼稚了！"——哈哈，宝贝，你也不过才六岁而已呢！

"长大了"对孩子来说是最受用的鼓励。爸爸妈妈教孩子做整理，也要随着孩子能力的增强，慢慢改变自己的方式。

学校里的老师教孩子们做一件事情的时候，通常是分三步走的：

第一步，I Do，我来做；

第二步，We Do，我们做；

第三步，You Do，你来做。

父母在教孩子做整理中的角色

根据孩子不同年龄的特点，父母在教孩子做整理中的角色也可以分为三个阶段：示范、教练、支持。

示范

光用嘴巴说"你快整理一下吧"，对于年纪很小的孩子来讲，是听不懂的。整理究竟是做什么呢？这个问题没有谁是生下来就知道答案的。希望孩子做到的那些事，在孩子动手之前，爸爸妈妈要演示给孩子看，什么是正确的做法。

即使孩子的物品大部分还是由爸爸妈妈来管理，给玩具归位的时候，也尽量让孩子在场，看着爸爸妈妈是怎么把玩具放进收纳盒中去的，尽量放慢动作，让孩子也能学着做起来。

这是"I do（我来做）"阶段。

教练

随着孩子能力的增强，将玩具归位的工作，可以试着让他自己去完成了。

"把小汽车放进那个红色的盒子里"这样的指令，就可以替换成"把你的小汽车都收拾好吧"。要知道，他们会变得越来越喜欢按照自己的方法来做事情，如果你还在告诉他什么东西放到什么盒子里，他可能会感到不开心："我都长大了，怎么还把我当个小孩？"你可以说"把你的玩具整理好""该收拾房间了"，然后看看孩子会怎么做。

如果他不愿意，就帮助他一起做，哪怕最后仍是父母完成了大部分工作也没有关系。请记住，随着孩子能力的增强，慢慢减少父母参与的比例，直到孩子能独立完成。这就是教练的角色。

这是"We do（我们做）"阶段。

支持

上学以后，孩子在家里通常拥有了自己的小空间，写作业、玩耍、休息、招待朋友。孩子开始渴望独立，也逐渐具备了独自完成的能力，这时爸爸妈妈就要退居幕后，给孩子更大的自主权。

"全部摆出来—分类—筛选—决定位置"——这样一个完整的整理流程，就可以以孩子为主做起来了。如果有机会，儿童房的设计也多多参考他的意见，开家庭会议共同来决定房间的布局和物品的收纳规划。孩子的意见被充分参考和尊重，他会更愿意维持好。

孩子的物品会从之前的以玩具为主，逐渐过渡到以书籍和学习资料为主，所以要开始教他们更多书籍文件管理的方法，各种文具、工具的收纳方法。

现在的他们，会迫切地需要从自我管理中找到成就感。这个时候爸爸妈妈要忍住指导孩子的想法，多观察他自己是怎么做的。即使孩子有的时候会偷懒，或者做得不是那么好，也不要着急，多多发现孩子做得好的地方，给予肯定。在孩子需要帮助的时候给予协助，孩子没有提出需求的时候，则不要随便插手。

这是"You do（你来做）"阶段。

· 法则 2 ·
简单指令，直接示范

跟孩子说"快收拾一下"，结果他就像完全没有听到一样无动于衷。其实并不是孩子不听话，只是他的理解能力有限，有时候真的不知道妈妈说的"收拾一下"，指的是"哪一下"。

请把"收拾一下"换成下面的句式：

"把小汽车放到红色的筐里吧！"

"把积木放到这个抽屉里吧！"

"把书本都合上吧！"

孩子听得懂，就会更愿意云执行。如果整理是简单的、很快就能完成的事情，他才会立刻行动起来。

对于从来没有做过整理，或者年龄比较小的孩子，即使妈妈的指令很简单，也还是不知道该怎么做，所以我们需要直接做给他看。

一边跟孩子说"把小汽车放到红色的筐里"，一边示范放进去这个动作，孩子看上一两次，就会照猫画虎做起来。

对于更复杂一点儿的指令，例如"把乐高放到下面的抽屉里"，语言和动作都要进行分解：

"这是上面的抽屉"，指着上面的。

"这是下面的抽屉"，指着下面的。

"我们把乐高放到下面的抽屉里"，把乐高放进去。

在示范的同时，给孩子解释原因，也就是为什么要这么做。

"把它们放在不同的抽屉里，下次就不会找不到了。"

"把它们都竖着放，一眼就能看到想要的那个。"

"把它放在最外面，因为你经常玩。"

不要小看了孩子，他们能够理解的道理其实比你想象的多，即使当下还有些不明白，妈妈说过的话，也都会在心里留下痕迹的。

· 法则 3 ·
阶梯式增加难度

让孩子开始学习整理的第一天，应该做到什么程度呢？所有玩具按类别放到对应盒子里，摆放得一丝不苟——你很清楚，这几乎是不可能的。孩子的成长是循序渐进的，在一开始就去要求完美，万一做不到，就会影响继续坚持的信心。

把目标分解成一个个非常小的任务，比如说，这一次只是把玩具和衣物分开，或者只是把小汽车都排排站好，或者只是把混在一起的两组积木分别装到不同的盒子里。能够完成这样一些小任务，孩子会迅速获得整理带来的成就感，让孩子知道这件事情是简单的，自己可以做得到的，下一次他才有兴趣挑战新的任务。

我刚开始培养孩子睡前给玩具归位的习惯时，提出的第一个要求是："睡觉前不要让玩具留在地上哦！"每天和他一起把散落在地上的玩具都收起来，这个时候，我不会去管是否分类合理，是否摆放整齐，只要地上没有就行。

虽然这个过程是我和他一起完成的，可能仅仅是把玩具随便扔到收纳盒里去，但他已经知道了，玩具归位整理是睡觉前要做的事情。

然后，我再尝试给他提出更高的要求：比如，按照类别放到不同的盒子里。

等他能够做到的时候，再提出更高的要求：比如，要摆放得非常整齐。好吧，不瞒你说，直到现在这个目标还没有实现，但是令人欣慰的是，他正在越做越好。

孩子需要立竿见影的结果来获得信心，但又不喜欢总是原地踏步。他们学会一件事情的过程，是由一个一个小小的进步组成的。

·法则 4·
让孩子完成最后一个动作

我家儿童房的整理，大多数时候都是我和孩子一起完成的。

每一次他提出不想做的时候，我就会默默在旁边收拾起来，这时候他也会跟着行动。

有时候我会提醒说："两个人一起做更快哦！就能节省更多的时间看动画片、讲故事了！"他就会更积极参与进来。有时候他自己收拾到一半也会说："妈妈来帮助我吧，两个人一起做更快！"我就会赶紧加入。

这个时候，即使我做了前面99%，也会让他来完成最后那个1%。哪怕仅仅只是把最后一个小汽车放进盒子里，把最后一件衣服挂回衣橱里，我也会在结束的时候和他击掌说："看！我们一起整理好啦！"

大多不爱学习的孩子，都是因为在学习中体验不到成就感。不喜欢整理玩具的孩子，也是因为在整理中从来没有体会到"我可以把这件事情做好"的满足感。

在孩子无法独立完成的时候去帮助他，让他作为结束这件事情的那个人，他就能从中获得成功的体验，就会更加愿意去做了。

让孩子把最后一件衣服挂回衣橱

· 法则 5 ·
不打断玩耍

当我们专注于自己眼下的事情时，就算是平日最可爱的孩子跑来打扰，也会感到烦躁。那我们自己是怎么做的呢？是否也曾经在孩子玩到起劲的时候，要求他立刻停下来，开始收拾房间？

儿童心理学家发现，专心玩耍的小朋友会自动屏蔽掉外界的"噪音"。要想孩子有参与整理的意愿，就尽量不要选择他正在集中精神做一件事情的时候。如果收拾房间变成了一件"总是打断我玩耍"的事情，想想也很讨厌呢。专注力本身就是孩子一种可贵的品质，我们要好好保护它。

并不是妈妈觉得太乱了，就必须要立刻整理。选择一天的结束，一起玩的小伙伴们离开时，作为固定的时间来进行收拾整理。

除了通过固定时间形成规律，最好还要提前让孩子做好准备。我儿子每次看动画片,如果让他立刻停止去睡觉,他就会不情愿。当我试着提前一点儿跟他说:"再看一集,你就自己关掉,可以吗?"他都会欣然接受,自觉完成。

到了晚上睡觉前的整理时间,可以提前 15 分钟跟孩子说:"我们再玩 15 分钟,就开始整理吧!"提前 5 分钟的时候,再提示一次。他有了心理准备之后,自己就会慢慢从当前的事情里退出来了。

·法则 6·
不随意改变物品的位置

我儿子很小的时候,有一天晚上突然在房间里大喊:"妈妈!遥控器都去哪里了?"我过去一看,他拉开了那个一直用来放各种玩具遥控器的收纳盒,一脸茫然地站在那儿:里面没有了遥控器,都变成了各种弹力球!我这才想起来,是自己前几天重新调整了玩具的收纳位置,做完之后并没有通知他。

从那以后,我都会尽量避免这种"随意改变规则"的事情在家里发生。每次买回来新的玩具放在哪里,都会告诉孩子;已经放好了的,就不轻易改变,如果变了就要正式通知他。

当然,最好的方法是每次整理的时候,都和孩子一起做,给予他一定的决策权。我和孩子经常一起整理物品,调整儿童房的收纳布局。所有的物品筛选、定位,他都充分参与。每次完成之后,他都会把下班回家的爸爸拉到自己的房间,向他介绍每一样东西的新位置。

孩子现在已经很少问我"xxx 在哪里"这样的问题了,他小小的脑袋里已经有了一个自己的"收纳地图",再也不需要通过向妈妈求助来找东西,给玩具归位的事情也能自己完成了。

家里的物品都有固定的位置

环境中的秩序就表现在规则中。这种规则不能仅仅体现在对孩子的要求上,而应该是一种通则。如果什么事情都是妈妈决定,那就不是规则,而是权力。真正的规则是稳定的,是掌握在每个人手里的。

什么东西该放在哪里?什么时候该干什么?——让孩子知道,这些问题的答案,既不是自己随心所欲,也不是依赖妈妈回答,而是这个家里看不见摸不着的"规则"在指挥大家。

·法则 7·
谁用谁整理

妈妈大喊一声"该收拾一下了",结果家里每个人你看看我,我看看你,然后各自继续做自己的事情。整理是妈妈一个人的事情吗?当然不是!

"谁来做整理?"这个问题的正确答案是:"谁用谁整理。"

厨房里的餐具和食物，是妈妈做饭用的，那么妈妈要负责归位；爸爸在书房办公，书籍资料摊在桌子上，那就由爸爸负责归位；至于满地的玩具，当然是谁拿出来玩的，谁负责放回原处。

东西本来是待在原来的位置，因为被某个人使用，它才被移动了，那么使用完成之后，就要由这个人立刻放回原来的位置。每个人都养成这样的习惯之后，妈妈就再也不用跟在全家人后面催促抱怨了。

从我儿子很小时候开始，我就告诉他"玩具是你用的，就要由你放回去"。形成这种意识之后，即使他需要我协助完成，也都会说"妈妈帮帮我"，而不是"妈妈你来做"。有责任心的好品质，就是这样在孩子心中萌芽的。

在整理物品的时候，也同样是"谁用听谁的"。

小朋友好不容易愿意动手了，结果他一边做，妈妈一边在旁边各种指挥："你该这么做""你不可以那么做"……看起来是教孩子更好的方法，实际上会打击到孩子的信心，让他觉得自己总是做不好，产生不愉快的体验。再说了，谁说妈妈的方法就一定是更合理的呢？

希望孩子自己管理的玩具，就鼓励他按照自己的方法去执行吧。每当孩子愿意自己收拾房间的时候，我都会默默走开，除非他向我求助，我不会围观，也不会多说一个字，只管等待他自己完成。

如果小朋友觉得自己做有点儿困难，爸爸妈妈也可以尝试给一些提示，例如：它是怎么玩的呀？它是什么形状的呀？它是什么颜色的呀？它之前放在哪里呢？地板上的是不是都要收起来呢？……帮助孩子完成第一步的思考就可以了。整理是一件特别主观的事情，我们不要对孩子的决定说三道四，只要他自己能理解、能记住就是最合适的。

我有一次让孩子把玩具车分别装到两个收纳盒里，我以为他会按照颜色、品牌或者款式来分，结果没想到，他竟然是按照"被压住会响"和"被压住不会响"来分类的。后来我仔细想了想，他这么分类其实是非常合理的：那些被压住会响的车子，之前经常因为被压在底下，一不小心自己就吱吱哇哇叫了起来，想要关掉它还得翻上半天才能找到开关。如果把不会响的放在一起，就可以随便扔到又大又深的箱子里了，然后剩下那些压住会响的，就可以放到浅一点儿的小盒子里。

请多给孩子自主权，看看他会给你什么出其不意的惊喜吧！

·法则 8·
多用自然约束

有一次，我正在客户家里帮忙整理儿童房，外面突然传来了小女孩的哭声："我不要它去垃圾桶里！呜呜呜……"我出去一看，原来是妈妈要扔掉一个玩具的包装盒——没错，只是一个包装盒而已。因为它在家里放了很久，已经变成了玩具的一部分，所以孩子怎么都接受不了把它丢掉。

她妈妈后来问我，这种情况该怎么办？我告诉她说，下次玩具打开之后立刻丢弃包装盒，装入专门的玩具收纳盒。甚至可以直接在外面把包装拆掉，只把玩具带回家交给孩子。不要让孩子和包装盒之间在日复一日的使用中产生情感的联结。

同样，如果不想孩子注意力分散，就不要买太多玩具，至少不要让太多玩具都摆在视线可及之处；不想让孩子吃糖，就不要把糖果放在孩子每天能看到、随手能拿到的地方……多用简单的自然约束，妈妈可以少费口舌，小朋友也能少掉很多眼泪。

蒙台梭利早教法建议给孩子多玩一些自带纠错功能的玩具，而不是那些要依赖父母告诉他们应该怎么去玩的玩具。他们有一套教具，是木板上 10 个大小不一的圆孔，每个圆孔分别对应一个尺寸刚好合适的圆柱，把圆柱拔出来打乱摆放，让孩子尝试把它们插回到对应的圆孔中。只有尺寸合适才能放进去，这就是自然约束。

我曾经无数次和孩子约定只能拥有多少辆小汽车，或者每个月只能买一辆小汽车，最后都以失败告终。他的小汽车都放在一个固定的收纳盒里，我告诉他："这就是你的车库啦！"有一天，他又带回来了一辆特别大的玩具汽车，结果怎么也放不进去，于是就跟我说："妈妈，我不能再买车了，车库都放不下了。"

真是没有想到，之前无数次讲道理、软硬兼施都无法让他意识到的事情，一个"放不下的车库"就搞定了。

毛绒玩具的家就是那个筐，如果太多，就会盖不上盖子；小玩意儿都放在抽屉里，如果太满，就会关不上抽屉；笔就放在那个笔筒里，如果不竖着放，就会放不进去……蒙台梭利女士认为，尽量使用工具自带的纠错功能，而不是人为强加的约束，可以让孩子自主纠正错误，进行自我教育，最终通过自己的努力来完善自己。

当孩子面对一个盖不上盖子的收纳盒时，他会怎么做呢？是拿出一部分放在别的地方，还是扔掉一部分？是使劲挤压，还是改变摆放的方式？——妈妈就尽管在一旁静静地观察，看看他会想出什么办法来吧！

一个"放不下的车库"解决了不断买车的难题

·法则 9·
体验自然后果

周末两天在家时间比较长,孩子会把各种各样的玩具全部拿出来,地面上满满都是。这个时候,我会忍住想要帮他整理的冲动,随他去。往往过不了多久,他就会主动提出:"我想收拾一下玩具!没有地方摆火车轨道了!"

同样是后果,有人为惩罚的后果,和自然的后果。"不收拾玩具就不能吃零食",就是人为的惩罚,它的效能会随着孩子自身力量的不断强大而弱化。

孩子长大之后就会发现,真实世界的玩法不是这样的。父母并不会一直在他身边说:"你一年只能买 50 件衣服,否则就不能吃零食。"他只会在自己体会到放不下、找不到、收拾起来太费劲这样的后果之后,才开始采取行动。

同样,不收拾地上的玩具,就没有空间再玩新的玩具,这才是自然的后果。这种体验,与孩子长大之后要面对的社会规则更为一致,不会出现"不在爸爸妈妈身边就失效"的情形。

"自然后果法"是法国教育家卢梭提出的。如果孩子的行为造成了不良的后果,父母不要进行干预,而是让他亲身体验并承担自己所犯错误造成的不良后果,从中接受教训。

我儿子有一把小剪刀,每次用完都是随手一放。我总是一边唠叨着跟他说要收好,一边帮他捡起来放回去。后来我发现这样做一点儿用处都没有,就决定不管了。有一天,他终于把剪刀弄丢了,很是着急,全家一起花了很长时间才找出来。从那以后,他每次用完都会放回盒子里。

很多小朋友上学之后,还是每天依赖爸爸妈妈督促去完成作业,准备第二天上学要穿的衣服、要带的物品。这样做虽然避免了孩子被老师批评,却也让孩子失去了体验自然后果的机会。

等孩子自己发现忘记带作业本，被老师批评几句，自己发现穿了两只不一样的袜子，被同学笑一笑，又有什么大不了的呢？这时候孩子才会去思考：如果事先不把要用的物品整理好，会发生什么事？想要避免出现这样的后果，以后应该怎么做？

只有当孩子把自己的"行为"和"结果"能够对应起来的时候，他才会去主动调整自己的行为。

· 法则 10 ·
给孩子适当的选择权

希望孩子做一件事情的时候，给他一个选择权，比直接下命令有效；不希望孩子做一件事情的时候，给他一个选择权，比直接拒绝有效。

有了选择权，感受到这是自己的决定，会让孩子表现出更积极的态度。只要可以选择怎么去做，本来可能不想做的事情，也变得愿意做了。

有时候买回来新的玩具，我也会试着问孩子："你觉得放在哪里比较好呀？"每次他都会认真地想办法。有时他的办法也是让我哭笑不得，比如拿一个特别大的盒子装几颗小小的球。我心想：这也太浪费空间了！但也只能听他的，谁让我问人家了呢？

最好的选择权是二选一：

"我们要开始整理了，你是收拾洋娃娃，还是收拾乐高？"

"你想现在上床，讲两个故事睡觉，还是玩 5 分钟之后直接睡觉？"

"你想去火车博物馆还是飞机博物馆？"

可以给孩子一些选择权来激发他的主动性，但对于给他什么样的选择，却是在父母手中的，也就是说，我们掌握着"选择权的选择权"。

明天去参加朋友的婚礼穿什么衣服？如果你担心孩子会选一些奇异的搭配，那就只让他选择袜子和内衣。

买哪一件玩具？如果你担心孩子会选择一些对他无益的劣质产品，不妨只是让他从某一个店铺当中挑选，或者直接在网络上下载几张事先选定的玩具图片，再让他从中选择。

在给出选项之前，请确保任何一个选项，都是你可以接受的。只要孩子做出了选择，就请一定按照他说的去做。如果我们让孩子自己挑选喜欢的玩具，就不能去评判孩子的决定。

我在帮一个7岁男孩整理的时候，他的妈妈就总是在一旁打断他说："这个你不能不喜欢！""这个你必须喜欢！"……看到孩子参与的热情渐渐被浇灭，我赶紧偷偷提醒这位妈妈："你不能不喜欢"这种话，在孩子听起来真的是很没有道理的呢。

每个孩子都一定会接受这种"套路"吗？那可不一定！

"你是吃米饭还是吃馒头？"你对面的小家伙很可能会回答说："我吃面条。"

这个时候你该怎么办呢？

遇到这样的反套路选手，你只需要温柔地告诉他："只有这两个选项，如果你不选，我就帮你选了。"

请记住，给孩子选择权，关键并不是"孩子选择了什么"这个结果本身，而是在这个过程中，让孩子感受到自己是被尊重的。

做整理的时候，"盒子装不下了，先放小汽车还是先放铁轨？""汽车是放在红盒子里还是蓝盒子里？""是现在整理，还是先吃点儿水果休息一下再整理呢？"你可以多多让孩子自己决定。至于"今天究竟要不要做整理"这样的问题，就不要给孩子选择权了，直接行动吧。

·法则 11·
故意犯错

我儿子拼乐高的时候，常常让我帮忙寻找某一种形状的零件。我觉得这种"服务"很无聊，有时候就故意拿一个错的递给他，他每次都会很认真地纠正我，比如说："妈妈，我需要的是四个孔的、方形的。你看是这样的，但是你给我的只有三个孔。"

由此我得到了一个启发：有的时候，与其要求他做"对"，不如由我来犯"错"。

和孩子一起看书的时候，我试着故意把一些角色的名字念错，每次他都能立刻觉察并指正，甚至有的时候少念了一句话，他也能发现。

家里有两个抽屉，一个贴着"文具"标签，一个贴着"工具"标签，有一次，他在"工具"的抽屉里，没有找到一直放在那里的剪刀，就跑来问我。我说，爸爸刚刚用过，你看看他是不是放错抽屉了？孩子拉开旁边的"文具"抽屉一看，果然在里面。于是他跑去"教育"爸爸说："爸爸，剪刀是工具，不是文具，你从哪里拿的请放回哪里去。"——是的，家里有个糊涂的爸爸，真是不愁没有让孩子纠错的机会呢。

爸爸妈妈不用事事都在孩子之前觉察，像个直升机一样，随时空降帮他们处理问题。尽管等着他自己去发现吧！

"我找到了爸爸妈妈的错误！"——对孩子来说，这可是得意得不得了的事情呢。

· 法则 12 ·
符合孩子的思维特点

整理没有标准答案。

有的人习惯用理性的分析，有的人依赖直观的感受。以左脑为主导的人，擅长理解书面文字，重视顺序、步骤、逻辑关系；而以右脑为主导的人，擅长空间判断、感性认知，对色彩、形状比较敏感。配合使用者大脑的思维模式来做整理收纳，可以让复杂的事情变得简单。

皮亚杰的研究结果表明，儿童首先是通过简单图示来认识外在世界的。所以，年幼的孩子，都是右脑主导，最好是采用简单的、所见即所得的收纳方法，并且依据色彩和图形来标识和收纳。

五六岁以后，他们才会开始逐渐呈现出不同的思维特质。

爸爸妈妈可以在日常生活中观察孩子的思维特点。比如，他们是怎么对物品分类的？有的孩子喜欢根据颜色来分，有的喜欢根据品牌来分，逻辑思维比较强的孩子，会喜欢按照"我怎么使用它"来分。

对于色彩形状敏感、空间思维比较好的孩子，在收纳的时候可以使用对右脑更友好的方法：摆放尽量粗犷一些、简单一些，使用不同颜色的收纳盒来区分，或者贴上不同颜色的标签，让他更容易找到。

擅长语言、逻辑思维发展比较好的孩子，在收纳的时候可以使用对左脑更友好的方法：比如做一些细致的分类，这对他们来说也不是什么难事，按照功能和使用频率来决定收纳的位置，把东西都装入整齐的盒子里，采用文字来标识。

当然，没有谁是只使用左脑或者右脑，也没有哪个孩子是只认识颜色不会认字的，任何一个人都是全脑混合思维。观察孩子的思维特点只是为了让收纳方式对他来说尽

适合左脑的收纳方式

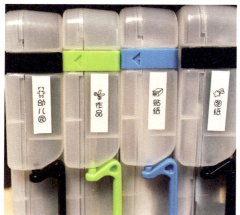
适合右脑的收纳方式

可能简单、容易操作。

如果你觉得这种判断很难，不妨就直接放手，只告诉孩子基本的要求，然后让他自己去处理，孩子会找到自己用起来最舒服的方法。

· 法则 13 ·
用提问代替回答

一个盒子里塞下五件玩具，孩子横七竖八地往里面扔，最后发现放不下。这个时候，在旁边看着的你，是不是会忍不住告诉孩子"都朝着同一个方向就放得下了"呢？这样做的话，看起来问题是解决了，孩子却因此失去了一次思维锻炼的绝佳机会。

孩子在独自尝试的过程中遇到了问题，只要他还在想办法，爸爸妈妈就先忍住想要帮忙的冲动吧！看看他会怎么做？

如果孩子跟我们说"妈妈，好像放不下呢"，我们也不要直接给出答案，可以反问他:"你怎么想?""你觉得还有什么办法吗?"鼓励他独立思考。

如果孩子最后还是没有想出办法来,我们就可以在旁提示:"是不是因为摆放的方向有问题?""你觉得竖起来怎么样?""要不要试试换一个盒子?"即使过程中得到了提示,孩子一样能体会到自己最终找到答案的成就感:"看,我把它们放好了!妈妈你看我厉害不厉害!"

用提问代替回答,可以得到他们更为积极的回应。站在和孩子有一点儿距离的位置,用旁观者的视角去参与孩子的整理,你也许会从孩子的处理方式里得到意想不到的答案。对于自己想出来的方法,孩子也会更愿意执行。

· 法则 14 ·
用建议代替制止

"刚学会跑步的孩子在离你几米远的地方,突然开始奔跑,而前面就是车流不息的马路,你会怎么做?"这是一位亲子教育专家问我的问题。我想了想,觉得自己很可能会脱口而出:"不要跑!"

但是那位专家朋友告诉我说:"这个时候你应该喊——站住!"

让你"不要去想大象",你脑子里就会不断出现一只大象;当我们说"不要乱动"的时候,孩子就会更喜欢动,这个"不"字会被他自动过滤掉,转而更加关注后面的部分。

如果没有一定的生活经验,孩子也并不清楚此时此刻这个场景下,"不"的反面是什么——如果我不要跑,那我要做什么呢?是站着、蹲下来、躺下,还是往回走?因为不知道应该做什么,就干脆对"不"的指令充耳不闻。

当我明白这个道理之后，就很少直接对孩子说"不要乱扔玩具"这样的话了。当你说"不要乱扔玩具"时，其实就是在孩子的意识里不断强化"乱扔玩具"这个动作。

不要乱扔玩具，那应该怎么做呢？这才是孩子真正想要知道的。我会告诉他"餐桌是吃饭的地方，请把你的玩具拿到自己房间去吧"，当我这样去沟通的时候，他都会表现得非常合作。

我儿子最近开始有了换乳牙的迹象，在睡前读绘本的时候，总是会把手不自觉地放到嘴里去挠牙。"不要把手放在嘴里"——话到嘴边我又咽了回去，改成了"自己用手扶着书本，妈妈给你讲吧"。他也很自然地就忘记了挠牙齿的事情。

如果爸爸妈妈总是把"不行""不要""不可以"这样的话挂在嘴边，孩子总是感到自己被约束，总是在犯错误，也会让亲子关系变得疏远，影响孩子的自信心。

从"不"到"是"的思维转换，可以让我们与孩子之间的沟通变得更有效。

我会跟小朋友说："丢在过道上的玩具会被踩到，拿回自己的房间去吧！"

·法则 15·
用感谢代替称赞

当孩子自己收拾好了玩具,我们应该如何给予肯定呢?

"你好棒!"——自从有了孩子,这三个字我每天都要说无数遍,不管他做了什么,都先来个"好棒"再说。

心理学家阿德勒对此有不同的解读。他说,当我们去称赞一个人的时候,意味着我们是高人一等,是站在"俯视"的角度去看待别人的。用感谢代替称赞,就可以从"俯视"切换成"平等",让对方感觉到自己不是被评价,而是被尊重的。

于是,当孩子把散落在客厅的玩具收到自己的房间后,我把"你好棒"改成了"谢谢你""这下客厅看起来整齐多了,你真是帮了大忙"。他每次都特别开心,有的时候不需要我提醒,也会主动去做了。

"需要你的帮助"对孩子来说,比"要求你这样做"要有吸引力得多。整理物品的时候,也可以跟孩子说"帮娃娃把衣服分类吧""帮小汽车回到自己的家吧"……让孩子从帮助别人当中得到成就感。

你甚至可以在他还没有做之前,就先表达感谢:"谢谢你,把你撕掉的包装袋扔到垃圾桶里。"对他接下来采取行动也是一个很好的鼓励。

给孩子带去平等的感觉,可以增强他信赖自己与信赖别人的能力,让孩子感到自己是可以与他人合作的。

·法则 16·
用排序代替取舍

我曾经帮一个 6 岁的小女孩整理玩具，每拿起一样东西，哪怕只是一块小石头，她都能准确说出它的来历："这是我 4 岁生日时爸爸送给我的。""这是在长隆动物园买回来的。""这是琪琪送给我的……"

儿童拥有某一个物品，其实是为了占有其背后的意义，而不是物品本身。因此我们让孩子去舍弃一个玩具，对他们来说，舍弃的也不是玩具本身。

家里的玩具已经塞满了柜子，孩子一边舍不得扔，一边还在不停地要求买新的。这个时候，你该怎么办呢？

首先要做到的，就是不要以自己的价值观去左右孩子的决定。在取舍物品的时候，我们总是以成人世界的标准去衡量："这个太贵了。""这个是名牌。""这个对你有好处。"但对于孩子来说，利益得失往往并不是最重要的东西，他有自己的看法，而且这个看法，往往比成年人的来得更真实、更简单。

强制性地直接丢弃孩子的玩具，也是绝对不可取的，更不能当着孩子的面直接丢进垃圾桶，这可能会对孩子造成很大的伤害。我曾不止一次听到别人说，小时候爸爸妈妈未经自己的同意擅自处理了自己觉得很宝贵的个人物品，那种伤心的感觉，一直到为人父母，还是无法抹去。

有一些孩子会对筛选物品的过程极度抗拒，不管用什么方法引导，他都一直表示"我全部都要"，拒绝合作。经过一些深入的沟通，我发现这些孩子的父母大多曾经强制性地丢掉过他们的物品，那样的经历让孩子对筛选物品这件事充满了防备，即使是我们现在尝试予以尊重，他们也不再相信了。

物品的所有权是什么意义，如何得到，如何交出去，是我们每个人一生都必须面对的课题。现在的孩子从小就面临太多选择,因此更要学会如何做出有智慧的取舍。

取舍的本质,并不只是粗暴地"要这个,不要那个",而是在条件受到了约束的情况下,对物品进行一个优先级的排序。

因此,首先要让孩子明白当前条件的约束是什么,我们之所以要对玩具进行筛选,是因为家里的空间不够了,放不下了。而他们要做的事情,并不是"选出玩具来扔掉",而是"区分不同的喜欢程度"。

对小朋友们来说,排序的启蒙是从"大和小""多和少"开始的。拿出一些卡片,我们一起来按照 12345 排列;拿出一些积木,我们一起来学习按照从大到小排列。慢慢地,他们就可以从一堆我们看起来差不多的玩具中,做出自己的排序。

孩子不喜欢"不"这个字,如果你让孩子选"不喜欢",可能一个都选不出来。换成"最喜欢"和"次喜欢"就会变得容易很多。我还从一个小女孩那里学到了一个很新鲜的词,叫作"中喜欢",让其他小朋友尝试之后,发现"中喜欢"这种定义也很受他们欢迎。

初次练习排序的小朋友,可能会感到有点儿困难,爸爸妈妈可以给予一些提示和帮助:"按照玩具的新旧来给它们排个队。""按照你有多喜欢来给它们排个队。""这个

孩子选出来不喜欢的玩具,可以放在柜子的高处等待"淡出"

你好久没玩了，是不是不那么喜欢呢？"当孩子能够实现突破的时候，就要给予鼓励，让孩子知道能够区分不同的喜欢程度，是非常厉害的事情。

能否区分物品的价值和优先顺序是决定一个人是否有条理的核心。有些孩子天生就擅于做决定，那么爸爸妈妈就会轻松很多；对于那些很抵触去做选择和辨别的孩子，爸爸妈妈首先要做的就是去鼓励他独立思考，把他想到的都说出来，某一样东西是否重要，是否真的有用，他必须通过思考和发现的过程，慢慢建立起自己的条理。

选出来不是最喜欢的那些玩具，爸爸妈妈就可以先把它们转移到不常用的位置，不要让它们再占用最好用的空间。让玩具逐渐淡出孩子的生活，等过几个月到半年的时间，确定孩子已经不需要了，就可以直接处理掉。

有的小朋友决策力比较强，直接就能判断"要"和"不要"，那就不需要再绕弯子了。我儿子因为从小就一直在参与玩具的筛选，现在已经可以轻松做出"不要"的决定了，有时果断得出乎我的意料。

偶尔他也会反悔，从已经装袋准备处理的玩具里又拿出来一两件，这时候我都会尊重他的要求。但如果是已经舍弃，无法再拿回来的，我就会直接告诉他，自己做的决定，就要自己负责。

·法则 17·
用"四分法"做决定

尊重物品主人的价值观，是雷打不动的原则，是谁的东西，那就听谁的。下厨的是奶奶，其他人就不要对厨房指手画脚；在家里修修补补的是爸爸，其他人就不要乱扔那些工具……但孩子的物品，是个例外。

小朋友们的世界观和价值观都尚在形成过程中，有的时候并不清楚自己究竟想要什么。父母帮他们挑选穿什么衣服、看什么书、玩什么玩具，选择让什么样的物品去陪伴他们，正是引导他们成长为身心健康的个体，找到真实自我的过程。

就拿玩具来说，父母很可能希望孩子多玩一些像积木、拼插之类，可以更好地培养专注力、开发想象力的玩具。但如果让小朋友选，可能会选择那些非常刺激、吵闹、吸睛、不需要怎么动脑筋的玩具。

但如果你试过调整玩具收纳的位置，就一定会发现，那些放在最显眼、最好拿的位置的玩具，被孩子"宠幸"的频率明显要高，而塞在柜子里的那些，很可能直接就被忘到脑后了。这就意味着，我们可以通过调整收纳方式，让孩子多接触那些对他自身更有益的玩具。

我们整理物品的时候，如何在尊重孩子自身意愿的同时，加入父母的引导作用呢？"四分法"是一个很好用的多维度决策工具。

我就常常和孩子一起，按照"妈妈是不是喜欢"和"我自己是不是喜欢"，分为四个象限，对每一件玩具，两个人一起判断，放入对应的象限中。

对于年纪比较小的孩子，"四分法"可以简化成两个步骤：第一步，只由妈妈选出自己希望孩子玩的和不希望孩子玩的玩具，这个时候不要去考虑孩子自己是不是喜欢，直接分成两类就好；第二步，邀请孩子加入，从妈妈选出来的两类里，再分别挑出自己喜欢的来，最后就形成了四个象限。

分完之后，我们可以按照这样的优先级处理。

优先级一：第一象限，也就是我们双方都喜欢的那一部分，放回玩具柜里最方便、好拿的位置。

优先级二：从"妈妈喜欢我不喜欢"里拿一个（或一套），再从"我喜欢但妈妈不喜欢"里拿一个（或一套），如此循环往复，依照收纳空间的便利程度摆放，直到所有空间使用到 80% 为止。

优先级三：剩下放不下的，就和"妈妈和我都不喜欢"的那些一起，先收起来放到不好拿的位置，或者直接打包流通出去。

这样进行筛选和收纳，就能兼顾孩子自身的喜好和父母对他们的引导了。既能让孩子体验到自己做主的参与感，又不至于让筛选的结果过分偏离父母的预期。

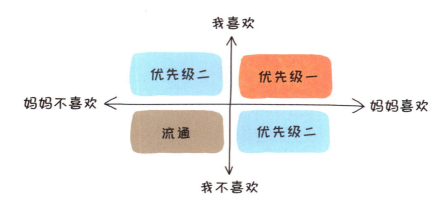

玩具四分法

和孩子用四分法筛选玩具

·法则 18·
温柔地告别

即使是顺利地选出了妈妈和孩子都不喜欢的玩具,想要孩子做出舍弃的决定,依然是非常困难的。你会发现,玩过的玩具、公仔,甚至是一张皱巴巴的糖纸,都根本扔不掉!

"我要保留所有的东西",害怕失去的感觉,回避分离的焦虑——这都是孩子本能的想法。

但是,我们真的可以保留所有的东西吗?

不管我们多么不愿意,"学会舍弃"的这一天,迟早还是要到来。我们谁都不可能拖着自己一生拥有过的所有物品负重前行,孩子也一样。即使我们可以用排序法,让孩子暂时回避"取舍"这种艰难的选择,但"学会告别"这件事,在孩子的人生中是躲不掉的。

应对分离焦虑的方法,不是躲着它,而是面对它,看到它,然后结束它。经过这个过程,分离的过程就不会在孩子内心留下创伤,他慢慢就会知道,这只不过是我们人生中再正常不过的一种体验。

把水池的出口堵上,把水龙头打开,一直放水,直到漫出水池……跟孩子说:你看,如果只进不出,房间就会变成这样。所以,这个你已经一年都没有摸过的玩偶,到了必须说再见的时候了。

温柔地向他解释为什么要这么做:我们要把空间留出来给新的小伙伴,你总是不跟它玩,它也会不开心的。一起来和它告个别吧:"谢谢你陪我。"合个影,然后就说再见啦!

和爸爸妈妈一起把它送到楼下。我们可以把它放在一个干净的盒子里,写上"自取"

的字条，然后放在垃圾桶边，再说一声"再见"。回到家，孩子可能会眼泪汪汪。抱抱他，给他鼓励，因为他已经学会了人生里无比重要的一课。

经历了有仪式感的舍弃，留下来的才会好好珍惜。

我的孩子从很小开始，就知道玩具是需要流通的。每次决定舍弃一些玩具的时候，我都会让他跟玩具合影，然后一起放到楼下垃圾桶旁边，或者去幼儿园的跳蚤市场卖掉。他已经懂得，只有这样做，才是对那些曾经陪伴过他、但不再喜欢的玩具最大的珍惜，每一次都很自然地就完成了。

在来到这个世界的头几年里，我们都曾经以为这世界是围绕着我们旋转的，只要我想要就可以得到，得不到，那哭就可以了。我永远不需要面对失去的痛苦、被拒绝的感受，永远不需要做出非此即彼的选择。对很多人来说，直到成年，甚至某一些突发而至的打击，才不得不接受一个事实——不管我们高兴与否，"失去"都是会伴随我们一生的事情。

既然如此，那作为父母，我们为何不去陪伴孩子完成第一次的体验呢？如果这个有点儿残忍的过程，是在整理玩具的时候发生的，是爸爸妈妈陪伴度过的，我们经历了一个充满了爱的告别的过程，并且，会有人在耳边温柔地讲述其中的缘由和道理，教给"舍"与"得"其实有它的自然规律。我想，一切也许会变得轻松很多。

既然失去是无法回避的，那就和孩子一起在失去中成长吧。

· 法则 19 ·
过程比结果更重要

意识到要让孩子自己做整理后，很多妈妈就会着急采取行动。睡觉前要求孩子必须自己把玩具全部都归位，不然就批评和惩罚。结果却发现，孩子要么不能立刻学会，要么刚收拾了一分钟就跑到别的地方玩起来了，好不容易坚持了两三天，很快就失去了兴趣。于是我们也跟着放弃，觉得让孩子做整理是不可能的。

其实这有什么好意外的呢？我们自己都做不到每天都把家里的一切全都整理好，不是吗？

孩子学习整理，很可能会在过程中出现各种倒退。爸爸妈妈等不及孩子慢慢去体验和学习，总是忍不住直接冲上去代劳，说到底，还是我们自己想偷懒。我们心里很清楚，教孩子，只会让我们花更多的时间去完成这件工作。自己直接去做，比培养孩子去做要简单多了。所以我们选择走捷径，放弃了其实对孩子更有益、却更难走的另一条路。

小朋友们学习整理，目的并不是让他把自己的东西收拾得多么整洁——这个结果真的一点儿都不重要！重要的是孩子在这个过程中学到的东西。

"我已经有这么多的小汽车了，盒子都放不下了，下一次可以不买了。"——孩子学会了观察。

"同类的玩具就放在同一个盒子里。"——孩子学会了分辨和归类。

"睡觉前把玩具都归位。"——孩子知道了要日事日毕。

只要这些道理孩子都懂得了，有没有真的把自己的房间变成一丝不苟的样子，又有什么关系呢？无论房间最后收拾成什么样子，只要孩子一直在参与，就没有违背我们的初心。

很多妈妈大概都会有类似这样的经历吧：孩子在幼儿园自己穿衣洗手上厕所什么都会，玩具归位也做得很好，一回到家，就变成了小婴儿，什么都撒娇要赖不愿意做了。我的孩子4岁之前，在家里一直都是用勺子吃饭，我以为他不会用筷子。直到有一天，我突然在幼儿园老师发来的视频里，看见他非常熟练地用筷子夹菜，而且还是两只手左右开工。

我在课堂上问过妈妈们这样一个问题:"大家都希望孩子在家,就像在幼儿园一样自律,那大家希望在孩子心里,妈妈和老师是一样的吗?"妈妈们都使劲摇头。

在孩子心里,家是可以放松的,妈妈的怀抱是可以撒娇的,即使会做的事情,只要有妈妈在,有时候也想要个赖、偷个懒。就算已经三十多岁的我自己,只要妈妈在身边,也是什么都懒得做呢。

有一个同为整理师的妈妈就曾经告诉我,她特别爱整洁,也一直重视培养女儿做整理,但孩子房间看起来总是乱七八糟的,这让她很烦恼。直到后来女儿离开家到国外上大学,有一次她和先生一起去看孩子,发现女儿的宿舍特别整洁,远远超过了其他的同学。她这才明白,自己曾经的努力,其实并没有白费。

你看,孩子学整理不在于当下的结果,而在于过程的体验,在于将来的收获。只要去尝试,去坚持,然后静待花开——请相信,它一定会开的。

· 法则 20 ·
玩的时候就是乱糟糟的

每次我出差,让儿子和他爸爸两个"男人"独自在家度过几天后,回家打开门都会看到满地乱糟糟的场景。

我把照片分享到社交网络上,朋友们都纷纷安慰我说:

"是不是很生气?"

"是不是立刻就收拾起来了?"

但事实上我面对这样的场景,并不会有什么特别的反应。我只会先把自己的行李收拾好，洗个澡，再休息一会儿。等到两个"男人"从外面玩耍回来，一家人吃完晚餐，睡觉之前，我可能才会提议说：咱们来整理一下玩具吧！

整理师的家，也并不是时时刻刻都保持整洁的。尤其是家里有小朋友，更不可能要求他在玩耍的同时还保持整洁。玩的时候，孩子需要足够的空间和自由，来施展他天马行空的想象力。这个时候如果还总是操心着家里太乱，就未免太本末倒置了。

曾经就有妈妈跟我说，给孩子买的玩具、水彩、画笔，如果总是不停嘱咐要小心不要弄坏、不要弄脏，基本上就会被闲置。这是因为，这种无形的制约会给孩子带来心理负担，他们只要看到那件东西，就能立刻感受到背后来自父母的负能量，所以干脆就不去碰了。买回来不用，结果造成了更大的浪费。

如果妈妈自身对整洁要求特别高，只要孩子把房间弄乱就心烦意乱，板着个脸，甚至对孩子大发脾气，要求他赶紧收拾好，无形之中就会让孩子觉得，整理就像紧箍咒一样，让他在家里无法获得轻松愉快的感觉，从而越来越讨厌这件事。

拥有一个物品的意义在于使用它，拥有一个整洁的家的意义在于享受它。

每当孩子把他的小汽车、积木、玩偶扔得满地都是，我想到的并不是"受不了了，我要赶紧收拾整齐"，而是"看啊，我的宝贝玩得多开心"。

我心里很清楚，眼下的这种乱，仅仅是孩子在玩耍，所以到处都是他的玩具而已，家里其他的物品都乖乖地在自己的位置待着呢。只要我们决定开始整理，花十分钟就能让房间立刻恢复整洁。

孩子 3 岁多的时候，经常在家里的各处贴上小贴纸。那个时候我们刚搬进新居，看着崭新的家具和洁白的墙壁变成了大花脸，我真是有点儿哭笑不得。但我告诉自己，孩子正处在喜欢"贴"的敏感期，让他多多尝试和体验，才是最重要的事。这些花花绿绿的贴纸，其实也并不会让人感觉这个家不整洁，只会让人想到"这里住了个可爱的孩子"而已。

果然，几个月之后他就对这件事失去了兴趣，我买了除胶剂，轻松地就把各处的贴纸都取了下来。然后告诉他说，如果你还想贴，可以贴到自己的房间去。

很多人学习整理之后，就开始对家人产生抱怨，恨不得所有人都一动不动，不要再使用任何东西，不要再搞任何活动，最好客人也不要再来了……但整理的真谛绝非如此。

只有没有人住的房子，才可能做到时时刻刻都干净整洁，屋子里的每个人都舒服自在，孩子自由地玩耍，这才是家。

第 6 章

增添趣味：
游戏让整理更快乐

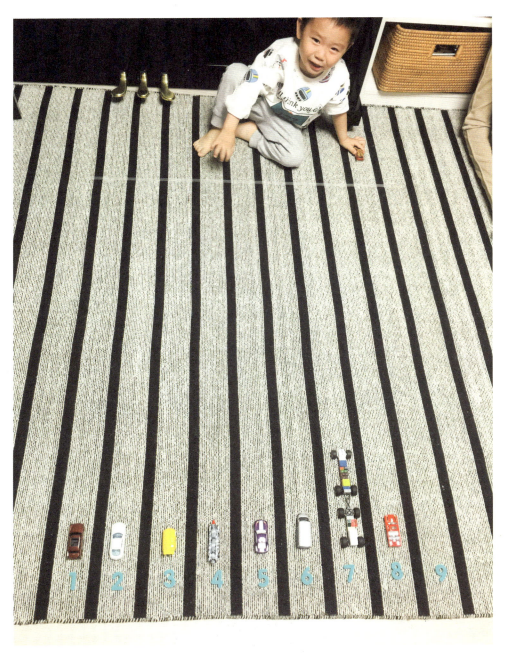

客厅的地毯被当成了游戏赛车道

每次带孩子去海边，他都会拎着一个小桶，把它灌满沙子和水，再倒掉，然后又灌满，再倒掉……我在旁边观察了几个小时，觉得这简直是太无聊了。如果我没忍住跑去帮他灌满，他就会非常生气。后来我才明白，他要的就是"灌满再倒掉"这个过程，而不是"灌满"这个结果。

整理物品，对许多成年人来说，不过一种和清扫、做饭、洗碗没什么差别的家务，是每天不得不做的辛苦的劳动，追求的是"让家里变整洁"这个结果。但孩子对这些事情是没有任何兴趣的，别说家务劳动了，就算是吃饭、睡觉有时候都是浪费时间的事。

只有一件事是他们乐此不疲的——游戏。

亲子教育专家劳伦斯·科恩博士在他的《游戏力》一书中说过：游戏是孩子主要的沟通方式。游戏能帮助爸爸妈妈以一种更和谐、投入产出比更高的形式完成对孩子的教育。

如果我们能把整理也变成游戏，孩子就会爱上整理。在这一章中，我将跟你分享日常在家里和亲子课堂上可以和孩子玩的 25 个整理游戏。

按照孩子成长阶段的不同，这些游戏被分成了 1～3 岁、3～6 岁、6 岁以上三个组，爸爸妈妈可以根据宝贝的年纪，在家里玩起来。

这个年龄的划分并不是一个不可动摇的标准。多尝试，观察孩子的反应，如果他觉得太困难，就帮助他一起完成，或者过一段时间再玩。如果孩子觉得太简单，显得无趣，不妨发挥你的创意，增加游戏的难度，让孩子在挑战中获得更大的成就感。

需要提醒的是，这些游戏中的大多数，都要通过多次的重复才能在孩子身上看到显著的影响，爸爸妈妈可以把它们融入日常生活，经常和孩子一起去做。

但无论如何，即使孩子不愿意参与，没有做出预期的反应，或者没有什么行为上的变化，也请不要焦虑，更不能去责怪他们。每个孩子都是不一样的，在游戏的过程中，让孩子感受到被陪伴的快乐，建立更深刻的亲子联结，才是最有意义的事。

· 游戏 1 · 领地牌

适合年龄
1～3 岁

游戏目标

界限感是一切良好关系的基本，明确属于自己的独立区域，会让孩子产生"我要对它负责"的主人翁意识。

孩子在家里是否有属于自己的空间？这个空间是否和爸爸妈妈的区域有明确的边界呢？除了房门、墙、地垫这种设置，还可以和孩子一起给他的空间制作一块"领地牌"，让主权变成"看得见"的提醒。

游戏步骤

1. 在家里定义一个孩子的专属区间，可以是一间儿童房，也可以是客厅或卧室的一个小区域，设立边界。

2. 和孩子一起制作一个"领地牌"，画上喜欢的图案，让孩子给它起个名字，比如"×××的城堡""×××的王国"等。如果孩子能独立完成制作，就最好不过了。

3. 和孩子一起把领地牌挂在门口，或者其他显眼的位置。

爸爸妈妈请注意

这个区域无论大小，都必须是只属于孩子自己的，不能有爸爸妈妈的物品。

·游戏 2· 赶走入侵者

适合年龄 1~3岁

游戏目标

角色置换的游戏,可以让孩子变成更有力量的一方,当他们有了主动去维持规则的体验之后,就会更愿意去遵守它。

孩子不愿意归位整理,很多时候正是因为,爸爸妈妈不停地让自己把玩具从客厅拿走,但自己的地盘却混入了各种大人的东西。找个时间,和孩子一起把不属于他的物品清理出去吧。

游戏步骤

1. 让"国王"在自己的"领地"检查一遍,找到不是自己的东西。

2. 和爸爸妈妈一起把它们"赶出去"。

3. 告诉"国王",他对自己的领地随时有这么做的权利。

爸爸妈妈请注意

如果一开始就有大量不属于孩子的物品,就需要以父母为主导来整理,让孩子知道这是在帮他"赶走入侵者"就可以了。

如果之前已经做得很好,本身就没有任何父母的物品,也可以故意偷偷放进去一些,让孩子去找出来。

这个游戏重复多次,可以更好地帮助孩子形成意识。

· 游戏 3 · 分豆子

适合年龄 1～3 岁

游戏目标

分类可以锻炼孩子对周围世界进行观察和辨别的能力，也是学习整理的基础。

对于孩子来说，首先就是要知道什么和什么是"同类"，可以从最简单的、外部特征比较明显的物品开始练习，厨房里那些五颜六色的豆子就是最好的教具。

游戏步骤

1. 找三种杂粮豆，每种 3～5 颗，混放在一起。

2. 提示孩子挑选不同颜色的豆子，分别放进三个小盘子里，告诉孩子这就叫作"分类"。

3. 把豆子混在一起，让孩子自己尝试做一遍。

爸爸妈妈请注意

游戏持续时间不要过长。

· 游戏 4 · 玩具分类

适合年龄 1～3 岁

游戏目标

一分为二是最简单的分类基础，如果能够把物品分成三类以上，才可以说具备了真正意义上的整理能力。

对豆子分类熟悉之后，就可以提升游戏难度，对不同颜色的彩笔、不同形状的积木、不同种类的玩具进行分类的练习。

游戏步骤

1. 拿出某一大类的玩具，给孩子两个盒子，让孩子把它们分成两组，分别放到两个盒子里去，让他给每个盒子里的物品取一个名字。

2. 拿出另一大类的玩具，给孩子三个盒子，让孩子把它们分成三组，分别放到三个盒子里去，让他给每个盒子里的物品取一个名字。

3. 把上一次孩子完成分类之后的玩具再混合在一起，让孩子重新把它们分成三组，分别放到三个盒子里去，让孩子给每个盒子里的物品重新取一个名字，鼓励孩子采用和昨天不一样的分法。

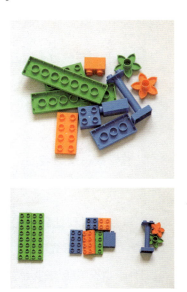

爸爸妈妈请注意

无论孩子给出的分类多么"奇葩"，都要给予肯定。如果孩子不能准确表达分类的逻辑，可以适当引导，让他说出两堆有什么不同。游戏持续时间不要过长。

·游戏 5·脏衣服收集器

适合年龄 1～3岁

游戏目标

很多上了大学的孩子，都不知道要把脏衣服集中收纳，也不知道多长时间洗一次衣服，才能保证自己一直有干净衣服穿。

把脏衣服放在固定的位置，不但能让家里看起来更整洁，还能减轻爸爸妈妈做家务的负担，是孩子从很小就可以养成的好习惯。养成这个习惯非常简单，只需要为孩子添置一个脏衣篮。

游戏步骤

1. 在孩子的活动区域添置一个脏衣篮，可以让孩子自己选择喜欢什么样的款式。

2. 换衣服的时候当着孩子的面把换下来的衣服扔进去，让他观察，是不是"脏衣服收集器"里面的衣服，第二天就会被洗干净，晾晒在了阳台上。

3. 要求孩子每天自己把换下来的脏衣服扔进去。

爸爸妈妈请注意

选择孩子够得着的、操作方便的敞开式脏衣篮。

试几次对到处乱扔的那些没有被"收集"的脏衣服先不洗，让孩子看到"没有干净衣服穿"的自然后果。

·游戏 6· 吃垃圾的怪兽

适合年龄
1～3岁

游戏目标

教孩子学会不要乱扔垃圾,不但可以让他养成良好的生活习惯,还能帮助他建立初步的环保意识。

在孩子的房间准备一个专属的小垃圾桶,或者在他的活动区域放一个小小的桌面垃圾桶。告诉孩子,它是一只"吃垃圾的怪兽",需要用垃圾喂饱它。

游戏步骤

1. 在孩子的活动区域添置一个垃圾桶,让孩子自己选择喜欢的款式。

2. 玩耍过程中产生了垃圾,对孩子说"快去喂饱那个吃垃圾的怪兽",请他自己扔到垃圾桶中去。

爸爸妈妈请注意

垃圾桶外观要尽量可爱一些。

扔垃圾的时候可以和孩子一起做,妈妈把垃圾扔进大人的垃圾桶,孩子把垃圾扔进自己的垃圾桶。

· 游戏 7 · 夹娃娃机

适合年龄
1～3岁

游戏目标

模仿日常生活里的场景，可以很好地激发孩子参与的热情。

家里的毛绒玩具，很多都是玩夹娃娃机带回来的战利品，整理的时候同样可以用"夹娃娃机"的游戏来进行筛选，比直接进行挑选更容易让孩子接受，爸爸妈妈也可以借此观察孩子对这些玩具的真实喜好。

游戏步骤

1. 把所有的毛绒玩具摆出来，准备一个筐。让孩子自己扮演夹娃娃机，用手（或脚）夹出自己最喜欢的一些，放到筐里。

2. 事先可以跟孩子约定要夹出来的娃娃数量，剩下的，就留在商店里（先收到不好拿的地方）。

爸爸妈妈请注意

小朋友要看过真正的夹娃娃机是怎么工作的，才能更好地理解这个游戏。

可以加上投币环节，让游戏更有趣。

· 游戏 8 · 送玩具回家

适合年龄
1～3岁

游戏目标

给无生命体以生命，是让孩子对一项活动产生兴趣的好方法。

告诉孩子，天黑了每个人都要回家睡觉，玩具也是一样。如果把睡觉之前的玩具归位，变成"帮玩具回家"的过程，孩子就会更有兴趣。

游戏步骤

到了该整理的时间，跟孩子说："动物园要关门了，猫猫狗狗小猪猪要回到动物园去。""下班了，小汽车们都要开回停车场了。"

或者捡起一本扔在地上的书，一边摇晃，一边用可爱的声音说："我要睡觉了，有人可以帮我回家吗？"

爸爸妈妈请注意

首先要做到，玩具都有各自的"家"。

刚开始不一定每次都要求孩子把所有的玩具送回家。

· 游戏 9 · **看谁投得准**

适合年龄
1～3岁

游戏目标

把玩具"装"进收纳盒？这听起来有一点儿无趣。把枯燥的整理活动变成充满活力的投篮游戏，在培养身体协调能力的同时，还能让孩子在和爸爸妈妈的玩耍中增进亲密感。

游戏步骤

给玩具归位的时候，跟孩子一起玩投篮比赛，把玩具当成球，扔进收纳盒里，看谁扔得准。

爸爸妈妈请注意

如果事先已经有分类，就按照分类规则投篮。

如果还没有分好类，就只要把随便扔在外面的"投进去"即可。

尽量让孩子赢得比赛。

· 游戏 10 · 小分队集合

适合年龄 1～3 岁

游戏目标

给物品归位的时候要按照分类来做,下一次才能更方便找到。

超级飞侠、奥特曼、托马斯小火车、海底小纵队、汪汪特工队、佩奇的一家、小马宝莉……分散在各处的玩具,通过"集合"的口令,来自动归位。

游戏步骤

1. 需要整理玩具的时候,妈妈下达口令:"奥特曼集合!准备执行任务!"

2. 孩子接到命令后,负责把相关的玩具集合在一起,并报告给妈妈:"奥特曼集合完毕!"

3. 妈妈和孩子一起把集合后的玩具放回原位。

爸爸妈妈请注意

卡通角色类玩具更适合这个游戏。

第 6 章 增添趣味:游戏让整理更快乐

·游戏 11· 同一首歌

适合年龄 1～3 岁

游戏目标

音乐的提醒比妈妈的催促感受要愉快得多，在音乐陪伴下的活动也更容易令孩子积极振奋地行动。在孩子认识钟表之前，可以规律性地播放音乐来提示孩子"整理的时间到了"。

有一首英文歌，唱的就是整理玩具，它的名字叫"Clean Up"

Clean up, clean up
Everybody lets clean up
Clean up, clean up
Put your things away

和孩子一起学起来，把它当作整理玩具的背景音乐吧！

游戏步骤

1. 需要给玩具归位的时候，带着孩子一起做，同时播放"Clean Up"作为背景音乐，重复一周。

2. 需要给玩具归位的时候，播放"Clean Up"，并提示孩子"该收拾玩具啦"，重复一周。

3. 需要整理玩具的时候，播放"Clean Up"，等孩子先做出反应再行动，如果孩子没有意识到，再给予提示。

4. 和孩子一起学会唱这首歌。

爸爸妈妈请注意

多重复，让音乐成为每一次整理的自然提醒。

·游戏 12· 我的理想房间

适合年龄 3～6 岁

游戏目标

内在的愿望是最能调动积极性的驱动力。孩子能够住在自己喜欢的房间里,才会想要主动管理好它。

给孩子布置儿童房之前,是否问过他想要住在什么样的房间里呢?不用担心孩子提出的想法多么天马行空或不切实际,先了解一下他小脑袋里到底对此有什么期待吧!

游戏步骤

1. 问孩子想要一个什么样的房间?想在房间里摆放一些什么?想把它们放在什么地方?如果孩子会画画了,可以让他自己画出来;如果还不会的话,可以直接告诉妈妈。

2. 把孩子画出的理想房间保存起来,或者挂在家里的展示区。

3. 不管孩子的想法多么不可思议,请尽量试着找出其中可行的一两点,帮他实现吧。

爸爸妈妈请注意

多提问,多倾听,不要人为设限,不要对孩子的想法进行评判。

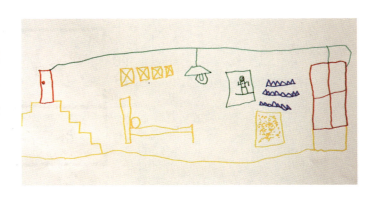

· 游戏 13 · 空间地图

适合年龄
3～6岁

游戏目标

切换俯瞰的视角，可以让我们迅速建立对整个空间的认知。

假装掀开屋顶，从高处往下看，我们每天都生活在里面的家，长什么样呢？制作一张关于家的空间地图，标出各个区域的作用，帮助孩子更好地认识整个"家"的环境。

游戏步骤

1. 制作一张整个家居空间的平面图，如果有房屋的户型图，可以直接打印，也可以跟孩子一起照着户型图画一张。

2. 在图上标明每个区域的功能：吃饭，玩耍，还是休息？还可以继续写上：可以在这里做什么？不可以在这里做什么？

3. 平常可以时不时拿出这张图，和孩子一起定位：妈妈现在在哪里？你自己现在在哪里？孩子做出不合理行为，例如在床上玩玩具时，也可以一起来看看：在休息区域是不是写着不可以玩耍呀？

爸爸妈妈请注意

不需要特别严格地区分，大致示意即可。

· 游戏 14 · 宝藏地图

适合年龄 3～6岁

游戏目标

空间地图让我们知道了"在什么地方做什么事",宝藏地图则可以帮助我们确认"什么地方放了什么东西"。

它能够解放大脑,帮助我们记忆整理的结果,方便我们更快找到想要的东西,还可以提醒我们物归原位。整理完成之后,和孩子一起画一张物品收纳的"宝藏地图",把它们的位置都标记出来。

游戏步骤

在一张纸上画出整个区域的示意图,然后写上各处都放了些什么物品,如果孩子可以做得到,尽量鼓励他自己完成。

爸爸妈妈请注意

不需要特别详细地描述,大致示意即可。

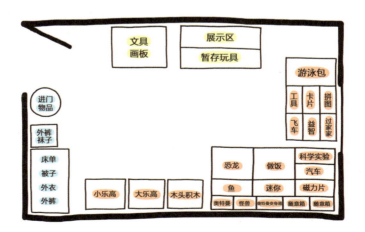

· 游戏 15 · 寻找宝藏

适合年龄 3～6岁

游戏目标

让年幼者在竞争性游戏中扮演胜利的角色，可以帮助他们建立做好一件事情的自信心。

只要固定了收纳的位置，想要的东西很快就可以找到了。整理完成后，爸爸妈妈可以和孩子一起来玩寻找宝藏的游戏，加深记忆。在这个过程中，孩子也能体会到"宝藏地图"是非常有用的工具。

游戏步骤

1. 爸爸和孩子比赛，妈妈来当裁判，开始提问题：

"托马斯和他的朋友在哪里？""在玩具架的第一层。"

"小镜子在哪里？""在妈妈的柜子上。"

"指甲刀在哪里？""在床头的小抽屉第二格里。"

2. 谁先答对就加一分，胜者可以得到事先约定的奖励。

爸爸妈妈请注意

问题不要太难，要找的东西不要太难拿；提示孩子使用宝藏地图；尽量让孩子赢（爸爸真不一定能赢呢）。

· 游戏 16 · 整理工程公司

适合年龄 3～6岁

游戏目标

4 岁左右的孩子，开始进入身份认同的敏感期，角色扮演的游戏是他们这个阶段最热衷的。

演医生，演快递员，演水管工？不如扮演整理工程师，来帮助爸爸妈妈解决问题。

游戏步骤

1. 孩子扮演"整理工程公司"，爸爸妈妈扮演玩耍的小朋友。

2. 玩耍之后房间乱糟糟，给"整理工程公司"打个电话吧："喂，是整理工程公司吗？我们这里实在太乱了，需要你们的帮助！"

3. 整理工程公司接到电话后，敲门，完成服务。

爸爸妈妈请注意

打电话的过程主要在于调动孩子的积极性，真正的整理工作可以由大人协助一起完成。

第 6 章　增添趣味：游戏让整理更快乐

· 游戏 17 · 藏宝比赛

适合年龄 3～6岁

游戏目标

与其告诉孩子该怎么做,不如和孩子一起行动,享受这个过程。

把"必须十分钟之内收拾完"变成更有趣的魔法咒语,把"一起收拾屋子"变成两个人的比赛,他就会更加投入其中。

游戏步骤

1. 整理玩具时间到,妈妈扮演吃玩具的巫婆,在门口喊:"我马上要来吃玩具啦!"

2. 爸爸负责收积木,孩子负责收汽车,按类别归位,看谁最先完成。

爸爸妈妈请注意

妈妈假装制造紧张气氛,但不要给孩子太大的压力。

尽量让孩子赢。

· 游戏 18 · 宝贝口袋

适合年龄 3～6岁

游戏目标

了解孩子的价值观，是和孩子一起整理的前提。

同样的物品在孩子眼里和大人眼里，意义可能是完全不同的，孩子最喜欢的东西是哪些呢？找一个"宝贝口袋"，让他们自己选选看吧。通过这个游戏，爸爸妈妈可以了解孩子的喜好变化，也可以让孩子懂得"不是所有的东西都是宝贝"。

游戏步骤

1. 给孩子一个口袋，日常购物的中等大小即可。

2. 让他选出自己最喜欢的东西，放在里面。

3. 妈妈也可以做一个自己的"宝贝口袋"，和孩子彼此进行宝贝介绍和展示。

爸爸妈妈请注意

事先约定宝贝数量是有限的，不能超过口袋的大小，但选择权是孩子的。

可以间隔一段时间后再重复玩，观察孩子的喜好变化。

第 6 章 增添趣味：游戏让整理更快乐 179

· 游戏 19 · 超市购物

适合年龄
3 ~ 6 岁

游戏目标

玩具过多不利于培养孩子的专注力，要定期筛选。对玩具进行筛选的过程，也是让孩子重新看见自己内心喜好的过程。

对孩子来说，理性的取舍比较困难，"逛超市"的游戏，可以给予孩子更多的主动权。不但让孩子从数量上对自己的玩具有了一个认知，还可以让他通过"购买"的过程认识到每一件玩具都是有成本和价值的。

游戏步骤

1. 把需要筛选的玩具摆出来，假装是玩具商店。
2. 给孩子发放数量有限的钱币（建议在备选玩具数量的三分之二左右）。
3. 让孩子来玩具商店选购，每个玩具一个钱币，你会把哪些买回家呢？

爸爸妈妈请注意

玩具统一定价，爸爸妈妈不要人为去给玩具赋予不同的价值。

剩下的玩具，可以直接流通出去，或者暂时收到不那么方便拿取的地方。也可以直接放回去不做任何处理，仅仅通过这个过程来观察孩子对玩具真实的喜好。

·游戏 20·玩具几岁了

适合年龄
3～6岁

游戏目标

孩子对自身的成长充满了渴望，这种渴望可以成为他们主动整理的强大动力。

小朋友都知道自己几岁了，但是他们知不知道，玩具也是有年纪的呢？几岁的小朋友就应该玩几岁的玩具。通过对适龄玩具的认知，可以帮助孩子更好地了解自己，以及对玩具做出合理的筛选。

游戏步骤

1. 拿出玩具的包装盒，跟孩子一起指认上面的"适龄"标记，跟孩子讲解它的含义。

2. 给玩具按照"比我大"和"比我小"分组。

3. 和孩子一起把"比我大"的玩具先收起来，等长大了再找它玩。

4. 和孩子一起把"比我小"的玩具装好，送给年龄更小的小朋友。

爸爸妈妈请注意

如果不保留玩具包装盒的话，可以拍一张照片，或者用纸笔记录下来。

日常筛选玩具时，"适龄"标记并不是必须严格遵守的判断标准，只要孩子常玩，就可以留下。

· 游戏 21 · 乱糟糟时间

适合年龄
3～6岁

游戏目标

让孩子懂得，我们不需要每时每刻保持整洁，整理不是目的，是为了下次可以更开心地玩耍。

除了有"整理的计划"，还可以有"乱糟糟的计划"！跟孩子约定一个可以乱糟糟的时间段，在这个时间段之内，乱才是好的，整齐才是不好的，谁都不可以做整理。

游戏步骤

1. 约定一个"可以乱糟糟"的时间，在日常的日程表上标记出来。

2. 在这个时间段，尝试几次故意把孩子的很多玩具都拿出来玩耍，放到家里各处。如果孩子提出意见，就告诉他现在是"乱糟糟时间"，不允许整理。

3. 时间结束的时候，邀请孩子一起归位。

爸爸妈妈请注意

这个时间不要太长，可以是周日的下午或者每天傍晚时分。

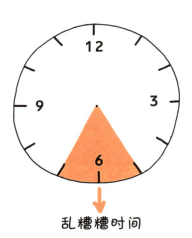

· 游戏 22 · 数量表格

适合年龄
6岁以上

游戏目标

物品不是这个家的主人，我们自己才是。希望孩子懂得这个道理，就首先要让孩子"看到"自己有哪些物品。

对自己拥有哪些物品，每一种有多少，孩子心里有没有概念呢？整理完成之后，把每一类物品数量都清点一下，写下来。心中有数，更便于管理，也可以提醒孩子：已经这么多了，就不要再乱买啦。

游戏步骤

1. 和孩子一起给玩具分类，先分成大类，再分成小类。

2. 记录下数量，写在一个表格中。

3. 对衣服、文具等其他物品也可以如法炮制。

4. 购买新玩具的时候，查看一下数量表格。

爸爸妈妈请注意

孩子要学会数数之后才能进行。

每一次只清点一个大类。

小汽车	28个	奥特曼	21个
鱼	35个	怪兽	15个
恐龙	42个	大木头积木	1套
暴烈飞车	4个	小木头积木	1套
拼图	10个	磁力片	1套
食物玩具	21个	科学实验	8个

好多呀！

· 游戏 23 · 抽签分工

适合年龄 6 岁以上

游戏目标

家庭是孩子体验分工合作的第一个场所，整理是爸爸妈妈可以和孩子一起合作的最佳活动。

有很多东西要整理，爸爸妈妈也来帮助一起完成，那么如何分工，谁负责哪个部分呢？通过抽签来决定，可以增加更多乐趣。

游戏步骤

1. 事先和孩子一起，为他的物品制作好"分类卡片"。

2. 给物品归位的时候，全家一起来抽签，抽到哪个就负责整理哪部分，看谁做得最快最好。

3. 可以准备一两张"休息卡"，抽到的人可以暂停一轮，如果抽到了并没有拿出来的东西，也可以暂停休息。

爸爸妈妈请注意

分类卡片不要太过详细，整个活动不要超过 5 轮。

·游戏 24· 进一出一

适合年龄
6 岁以上

游戏目标

养成孩子的内在秩序,除了整洁的环境,更重要的是建立稳定的规则。

物品太多又总是不愿意舍弃的时候,可以和孩子一起制定"进一出一"的原则,比如,每一次买一个新玩具,就要从旧的玩具中挑选一个出来。这个过程还可以培养孩子的决断力,让他对自己的物品更加珍惜。

游戏步骤

1. 制定"进一出一"的规则,如果孩子不接受,可以从"进二出一""进三出一"开始。

2. 每次购买新的物品前,告诉孩子有"进一出一"的规则,孩子同意之后,回到家找到一件旧的交给妈妈。

3. 交出来的旧东西不一定要扔掉,可以先收起来,放在不常用的位置,以后再置换。

爸爸妈妈请注意

对孩子选出来的物品不要评价,直接收起来即可。

· 游戏 25 · 面包叠衣法

适合年龄 6 岁以上

游戏目标

把物品竖起来收纳，不但可以一目了然方便找到，而且"站起来"的东西，本身看起来也会充满了精神。孩子学习竖立收纳，可以从叠衣服开始。

叠衣服对孩子来说也是无聊无趣的事情，但如果你告诉他："我们来把衣服变成小面包吧"，也许他就会非常愿意一试身手！

游戏步骤

叠上衣儿歌：

左胳膊，放中间（把左边袖子叠到中间）；

右胳膊，放中间（把右边袖子叠到中间，此时衣服为长方形）；

上下折，各一半（找到长方形的中线，以此为基准把上下两部分分别对折）；

变成面包，排排站（变成面包的衣服直立放入收纳盒中）。

叠完了之后，看看它是不是能自己"站"起来呢？

爸爸妈妈请注意

叠衣服只是生活体验，不要强迫孩子每天必须完成。

第 7 章 习惯升级：
从整理中学会自我管理

每天接孩子放学,一起走回家的路上我都会问他,到家之后打算做些什么呢?他会说:开门,脱鞋,把鞋子放进鞋柜,脱外套,把外套挂钩子上,洗手,上厕所,玩玩具……每次听到他这么事无巨细地描述,我都会忍不住哈哈大笑。但看到他小小年纪就已经把自己该做的事情管理得井井有条,我这个当整理师的妈妈,也是很欣慰的。

叶圣陶先生说:"什么是教育?简单一句话,就是养成习惯。"

所有我们认为对孩子有益,希望他能够携带一生的品质,都不应只是偶尔刻意为之的行为。它必须像吃饭睡觉一样,深深印刻在了孩子的头脑里,固化在了他日复一日的行为中,内化为他"肌肉记忆"的一部分,并不需要额外付出专门的意志力来坚持,就能够得到自然、有效的执行。

这就是习惯的力量。

与其不断参加补习班,不如给孩子养成良好的学习习惯;与其给孩子攒钱,不如教给他理财的习惯;与其总是催促提醒,不如教给孩子时间管理的习惯……一旦养成了好习惯,孩子就会以一种自动的模式形成良性循环。在这样有规律的循环中,生活中也会减少一些意料之外的突发事件,孩子也会感到足够安心与踏实。

接下来,我们就一起看看几个与日常生活相关的场景,是如何通过对规则和程序的重复,来养成良好的习惯的。在每个场景的最后,都和大家分享了操作清单的模板,爸爸妈妈可以以此为参考,和孩子一起拟定属于自己的清单,并在生活中执行起来。

· 清单 1 ·
进门整理——建立明确的界限感

每天从幼儿园或者学校放学，回到家之后的要做的第一件事情是什么呢？

脱鞋，换衣，洗手……与此同时，我们也要提醒孩子，背回来的书包放在哪里？饭盒放在哪里？摘下来的帽子、手套、围巾该怎么办？口袋里是不是还有擦了鼻涕的脏纸巾？路上买的小玩意儿又该怎么处理？

在玄关处为孩子准备一个收纳进出门物品的位置，这个位置的设计要和孩子的身高匹配。在鞋柜中，我给孩子保留了一个专门放鞋子的位置，这个位置在任何情况下爸爸妈妈都不会占用。他自己进门之后把鞋子脱下并归位。

1	3
2	

1_ 孩子的鞋子有专门的位置

2_ 门口的收纳筐

3_ 儿童房里的"玄关"

一个开放式的收纳筐，收纳手套、围巾之类的随身物品，每天进门后脱下放入其中，出门前直接在门口穿戴。家有家的玄关，孩子的房间里也有自己的"小玄关"，收纳书包帽子水壶等物品。

那些吃完零食的包装袋、口袋里塞的小石头、口袋里擦鼻涕的纸，就不要带进家门了，在回家的路上，看见垃圾桶的时候就直接扔掉。如果条件许可，在玄关增加一个垃圾桶也是不错的选择。

玄关，是家与外界连接的通道，也是我们私密环境和公共环境的边界。它最重要的作用，就是把那些不应该进入家门的东西阻止在外。

问问孩子："哪些是出门才会用的东西呢？"

鞋子、书包、外套、帽子、雨伞、球拍……这些是出门才会用到的东西，都尽量收纳在玄关的位置，减少它们在家里的活动路径。这样不但可以让家里变得更整洁，还避免了出门时临时需要又找不到的麻烦。

提醒孩子每天回家后，在进门的时候都要进行一次自我物品整理，将带回家的物品各自归位。当这种"进门整理程序"变成日复一日的习惯后，就能在孩子心中建立起"内心的玄关"。

除了有形的物品的界限外，也有无形的行为界限。在家里可以放肆疯闹，但是不可以把这种行为带到公共场合；如果去到别人家里，就是进入了他人的私密空间，要遵守他人的规则。

不要把家里的隐私泄露到公共视线之中；而那些在外面遇到的烦恼和坏情绪，在进入家门、脱下鞋子、物品归位的同时，也可以摁下暂停键，不要带进家门。

进门整理清单

和孩子一起在表格第一列写下每天进门要做的事，例如：脱下外套挂起来、脱下鞋子放进鞋柜、把书包放到固定位置、处理口袋里的垃圾、洗手，等等。

把清单贴在进门的位置或者黑板墙上，每天完成之后打勾，或者用磁性贴标记。

·清单 2·
次日物品——提前准备优于临时挽救

每个早起上学是什么样的呢？睡到最后一刻被爸爸妈妈从床上拖起来，半闭着眼睛刷完牙洗完脸，囫囵吞下桌上的早餐，要出门才发现书包乱糟糟的，要交的作业还摊在桌子上，文具也散落各处，校服和红领巾也不知道塞到哪里去了。一边在爸爸妈妈的催促声中收拾好东西，一边出门，结果到了学校发现还是忘记带当天的试卷。于是爸爸妈妈又急匆匆地送到学校，最后自己上班也迟到了。

我在帮一个三年级的小男生整理房间的时候，发现他有两套课本。他的妈妈告诉我说，因为孩子总是忘记把课本带回家，怕影响学习和交作业，所以在家里也备份了

次日物品准备区

一套。

不提前做好准备,真是浪费时间又浪费钱呀!

我们来试试切换成另一个模式吧。

和爸爸妈妈一起,在房间靠近门口的位置,设置一个"次日物品准备区",上面是挂钩,可以挂上第二天要穿的衣服,下面是收纳筐,红领巾、乘车卡等小杂物都可以放在里面。旁边贴着检查清单:作业、课本、资料、文具、特殊活动的工具……这些是需要装进书包的东西。

亲爱的小同学,现在每天睡觉之前,你可以开始自己完成"次日物品"的准备了。

请对照清单检查,第二天上学要带的物品是否都装进了书包?第二天要穿的衣服是否都提前拿好?要带去学校的物品有没有什么特殊的要求?这些事情,不需要总是等着爸爸妈妈帮你来做,你自己就能主动完成。

我们总是在想要用某一样东西的时候,因为找不到而着急,然后乱翻一气。但真正的整理,应该是事先的准备,而不是事后的收拾。先做好计划,等到执行的时候就不会慌张了。

其他事情也是一样：一门考试、一次旅行、一场演讲……充分准备的习惯能让我们在时间紧张的情况下依然胸有成竹、有条不紊，发挥出自己真实的水准，从容地应对各种可能出现的状况。

次日物品清单

和孩子一起在表格第一列写下每天上学出门前要准备的物品（周一到周五），例如：作业本、文具、红领巾、学生证、交通卡、要穿的衣服、要穿的鞋子，等等。

把清单贴在玄关的位置或者黑板墙上，每天完成之后打勾，或者用磁性贴标记。

· 清单 3 ·
生活日程——时间也需要被管理

《如何让男孩有条理》的作者，美国常青藤著名的教育专家安娜·霍玛耶，和一个男孩预约咨询面谈的时间，但男孩一直对她说："我不知道我什么时候有时间。"这让霍玛耶女士感到非常惊讶，这个男生已经十八岁，可以参加选举，可以保卫国家了，但是，他却不能决定自己在某一天的下午两点要去干什么。

无论是管理自己的房间，还是管理好时间，对于孩子来说都是一种对"控制力"的体验。我们并不是想把孩子教育成一个拘谨的、死板的人，而是要让他从对自我的控制力当中，体会到一切都是经过他积极主动的行动，而不是消极被动的听话来实现的。孩子能感觉到自己有能力做好一些事情，这是他们建立牢固自信心的根基。

和孩子一起做时间管理，就是按顺序解决以下三个问题：

1. 什么是时间？
2. 时间都用在了哪里？
3. 计划如何去使用时间？

首先，什么是时间？

"快一点儿！五分钟之后我们就要出发了！"——爸爸妈妈在催促孩子的时候，也许并没有想过，"时间"这个在我们看来很基本的概念，小朋友其实是没有的。他们很小的时候，只要不能立刻得到想要的东西，就会哇哇大哭。直到5岁左右他们才会意识到，完成事情是需要一个时间长度的，是需要"等"的。但当我们跟他们说"过去、将来、很久、直到、马上、永远……"这样一些与时间有关的词，他们依然并不能很好地理解到底是什么含义。

所以对于孩子来说，第一件事是要认识什么是时间。时间不仅是个数字，还是个数量，它是可以延续的、有长度的一个过程。

和孩子一起去观察有时针、分针、秒针的传

统钟表，随着它们的旋转，时间就这样慢慢流逝了。找到一个定时器，和孩子一起设定五分钟的倒计时，然后唱一首歌，做一遍体操，等到定时器响起来，就表示刚才过去的这一段时间是"五分钟"，让孩子体验一下它的长度。这时候我们再跟孩子说"请你五分钟之内准备好出门"的时候他才会知道，爸爸妈妈的话究竟是什么意思。

我的孩子一直对时间没有什么概念，某天他看到一个会整点报时的布谷鸟时钟，非常喜欢，我们就把它买回来挂在了客厅里。每到整点，房子里的小布谷鸟都会准时出来"布谷，布谷"地报时，时间是几点，它就会叫几声。

从那以后，孩子开始关注时间了，总是一边数着小鸟报时的次数一边观察时钟上的数字。我跟他说一个小时的时候，他也知道大概就是"小鸟两次报时的间隔"那么久的意思。

其次，时间都用在了哪里？

认识了时间之后，我们才能跟孩子讨论：一天有这么多个小时，这一天结束的时候它就消失了，我们把它花在了哪里呢？

尝试去找几天时间，去和孩子一起把如何度过一天的过程详细记录下来。很多爸爸妈妈

1_ 和孩子一起观察时钟

2_ 便签俯瞰计划

3_ 四象限分类任务

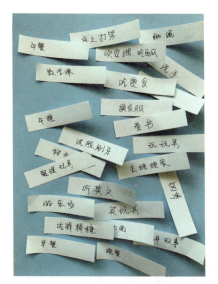

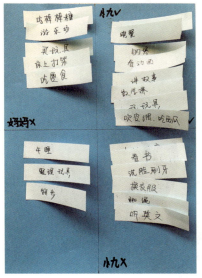

第 7 章 习惯升级：从整理中学会自我管理

8:00	起床 洗漱
8:15	早餐
8:30	数学课
9:30	玩玩具
10:30	吹空调吃西瓜
11:00	弹钢琴
11:30	午餐
12:00	看书
13:00	游乐场
16:00	吃零食
16:30	听英文
17:30	晚餐
18:00	看动画
19:00	洗漱
19:30	床上打架
20:00	讲故事
21:00	睡觉

会在这个时候才发现，原来孩子们要做的事情这么多，他们比我们认为的要辛苦多了。在这个充分理解的基础上，再去培养孩子的习惯和意识，才会更有效果。

最后，计划如何去使用时间？

计划如何去使用时间，与整理物品的时候计划如何去使用我们的空间，其实是一样的。在刚刚过去的暑假，我和孩子就一起完成了一个暑期时间计划。

第一步，把可能要做的事情都列出来。取出一些便签，全家人一起头脑风暴，列出暑假可能要做的事情，每张便签上写一件，并标记好所需要的时间。就像把衣柜里的衣服全都拿出来一样，这个时候我们不对具体的某件事情做评判，也不做选择。

第二步，像筛选玩具一样做一个"四分法"。按照"爸爸妈妈是否希望我做"和"我自己是否想做"画出，把便签条分别贴在各个象限里。

第三步，先把我们大家都不想做的事去掉（可能本来就没有，也可能在四分法的时候产生）。

对剩下的活动，按照"妈妈和我都想做"—"我自己想做"—"妈妈希望我做"的优先级顺

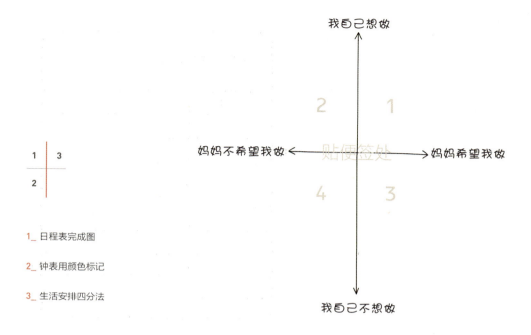

1_ 日程表完成图

2_ 钟表用颜色标记

3_ 生活安排四分法

序来安排,贴到每一天的日程表上去。之所以把"我自己想做"放在比"妈妈希望我做"更重要的位置,是希望孩子感受到自己的想法是被妈妈看到并尊重的,从而产生更积极的意愿。

当他还不识字的时候,我们还尝试过在钟表上用不同颜色区域来标记不同活动的时间,随着指针移动到不同的区域,直接就能知道现在应该做什么了,孩子也乐在其中。

给时间做计划,并不是用孩子的课表填满他的日程。跟孩子提前约定好,你先完成该做的事情,比如做功课、练钢琴,然后就可以拥有自由的玩耍时间和休息时间了,爸爸妈妈也可以陪你一起度过一段轻松的亲子时光,每天你都有这样的权利。

无论是整理物品,还是管理时间,目的都是为了有更多空间和时间来做自己想做的那些事情。

生活日程清单

和孩子一起头脑风暴，用便签纸列出一天要做的事情，按照四分法分类贴在不同的区域，按照1—2—3—4的顺序筛选，安排出每天要完成的事情，再给每个事情安排具体时间，写在日程表中。

把清单贴在显眼的位置或者黑板墙上。

生活日程清单：如何使用一天	24H
时间	做什么

·清单 4·
制定计划——有条理才能更从容

孩子 6 岁之后，就可以尝试全家一起来完成一次系统的整理作业了。系统的整理作业大致可以按照下面四个步骤来完成：清空—分类—取舍—收纳。以玩具为例：

第一步，清空

把所有玩具，正在玩的、新买的、破旧的、没拆包装的，全部都拿出来，摆在地上。大概浏览一遍，数数大概的数量是多少。

第二步，分类

按照孩子可以理解的方式，对玩具进行分类，每一类摆在地上不同的区域，或者暂时装进不同的收纳盒里加以区分。

第三步，取舍

在尊重孩子的基础上，对每一类玩具进行筛选，可以直接取舍，也可以采用四分法，把不需要、不喜欢的那些挑出来。

第四步，收纳

根据使用频率、喜好程度给留下来的每一类玩具都找到固定的位置。

经过这个过程，孩子就会体会到，整理术不只是收拾屋子，它其实是一套经过验证的、科学的、做任何事情都可以套用的方法论。

不管做什么，如果总是"这里看看、那里干干"，像无头苍蝇一样乱撞，往往是行不通的。事先进行充分的思考，明确目标，做好规划，再采取行动，就更容易获得成功。因此，在完成了房间的整理后，爸爸妈妈可以和孩子一起，在其他事情上继续实践整理的方法，锻炼其条理性思维。

假设我们即将进行一次家庭旅行，该如何规划我们的行程呢？

规划行程

第一步，确认目标

要做一件事情之前大家都会有目标，但是不同的人看法是不一样的。拿整理学习资料为例，有的人是为了不想被爸爸妈妈和老师批评，有的人是为了书包看上去整齐，有的人则是为了提高学习的效率。对目标的不同认知，将决定接下来执行的过程中会采取不同的方式。

那么，这一次家庭旅行的目标是什么呢？是参观著名景点，还是体验当地文化？是放松休闲，还是增长见识？先把你的想法清清楚楚地写下来吧。

第二步，搜集信息

只有把玩具全部摆出来，我们才能完成真正的整理。同样，只有尽可能全面了解与问题相关的信息，我们最后做出的解决方案，才能更合理。

家庭旅行需要搜集哪些信息呢？目的地有什么好玩的地方，有什么好吃的美食，有什么需要注意的事项，有什么特别想买的东西，等等。

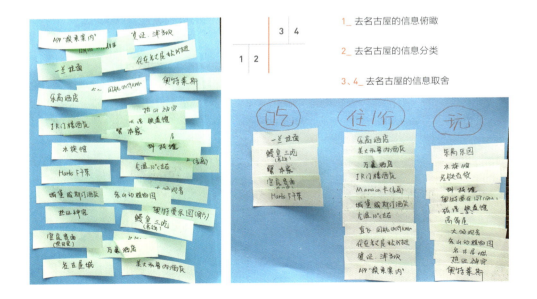

1_ 去名古屋的信息俯瞰

2_ 去名古屋的信息分类

3、4_ 去名古屋的信息取舍

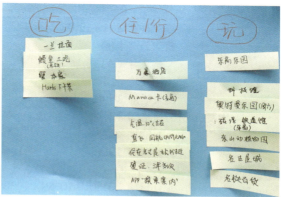

分别做一些调研功课，看看别人的攻略游记，然后找个时间全家人坐在一起，把它们列出来。可以一条一条写在便签纸上，也可以使用思维导图这样的工具。

第三步，归类分组

就像把玩具分成不同种类一样，对于我们搜集到的信息，同样也要进行分类。

分类没有标准答案，尽管按照自己认可的、可以记住的方法去做。首先，是要分干净，没有多余的、遗留的内容；其次，是要分清楚，不要有重复的、不清楚的内容。

比如，对于上一步搜集到的旅行信息，可以按照交通、住宿、玩耍、饮食等项目，把它们归类到不同的分组。

第四步，筛选取舍

家里用来收纳物品的空间是有限的，这是做整理的外部约束。我们做任何事情都会受到外部条件的约束，这就是我们为什么要筛选和取舍。

旅行的时间和预算都是有限的，有的景点可能去不了，有的美食可能没有办法品尝到，只能把它们从列表上划去了。做筛选的时候，时刻不要忘记你的目标是什么，对你来说这一次旅行最重要的是什么。

出发信息	▼	
	日期	2019.12.03
	航空公司	国航
	航班号	CA159
	出发地	北京
	出发时间	15:45
	出发航站楼/登机口	T3
	目的地	名古屋
	到达时间	19:35
住宿	▼	
	预订日期	2019.10.10
	酒店名称	Nagoya Marriott Associa Hotel
	酒店地址	450-6002 爱知县, 名古屋, Nakamura-ku Meieki 1-1-4
	入住日期/时间	2019.12.03
	退房日期/时间	2019.12.08
	确认号码	2821487509
活动	▼	
	活动 1	乐高乐园
	日期/时间	2019.12.04
	活动 2	铁道展览馆
	日期/时间	2019.12.04

名古屋的日程表

从每一类中选出舍去的部分，把对应的标签纸取下来，剩下的就是你最后要去做的事情了。

第五步，列出计划并执行

现在到了最后一步收纳，也就是制定解决问题的方案了，它就像是给每一件物品找到具体的位置一样，是我们最后的成果。这时候你会发现，有了前面几步的思考和准备，最后这一步做起来更加合理、更加快速。

把经过搜集、分类、筛选后，最终决定要去做的那些事情，按照旅行的日期，填入每日的计划表中。可以根据不同的实际情况，直接使用网络上别人做好的旅行日程表，也可以按照自己的喜好创造自己的表格。

到这里，我们就用整理的方法制定了一个非常可靠、合理的旅行计划，它其实就是把复杂的多线程任务分解成多个单线程任务的过程，就像把一团乱的电线，最后整理到一根一根脉络分明一样。像这样有条理地去做事情，可以让自己更有效率。

除了旅行，生活中很多其他的活动，例如安排一次聚会、准备一顿晚餐等，都可以和孩子一起，用这种方法来练习。

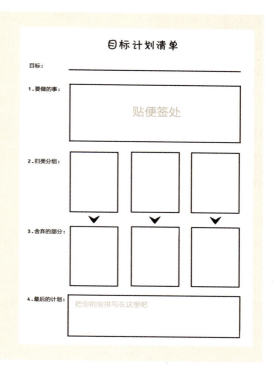

目标计划清单

找到一个具体目标，把它详细地写在清单的第一行。

第1步：用便签纸列出相关信息；第2步：对信息进行归类分组，按照分组把标签纸贴入不同的方框中（可以根据实际情况增加或减少分组）；第3步：回顾目标，对每一组中的内容进行取舍，把舍弃部分的便签摘下来，贴到对应的方框中；第4步，根据第2步中留下来的部分，制定可执行的计划。

· 清单 5 ·
我的梦想——做自己的主人

我儿子有时候玩积木，会把积木扔得满地都是。要是让他把积木收拾好，他肯定是不乐意的。他特别喜欢跑步，即使在家里，也喜欢在客厅绕圈跑。这时候问题就出现了，他跑步的时候，地上全都是他之前扔的积木，总是要绕来绕去，根本跑不快。于是我就提示他，你跑得真快呀，像火车一样快，但是我觉得如果把障碍物都清理掉，会跑得比飞机还快！于是他每次跑步之前，都会乖乖地把积木收拾好。

后来他喜欢上了奥特曼，我决定趁着工作的机会，顺便带他去名古屋参加奥特曼的见面会。自从有了这个打算，他就常常满怀期待地跟我说："好想赶快见到奥特曼呀！"于是我告诉他，想要出国旅行，就要提前安排好行程，不然就可能会出现各种麻烦。趁机拉着他一起，磕磕碰碰地完成了前文那个关于旅行的计划，这是五岁的他第一次体验用整理的方法规划行程。

把自己的书包整理好，把课桌整理好，对孩子有什么好处，他们起初是不知道的。让他们慢慢懂得，越是整洁有条理，越有时间去做自己真正想做的事情；越是能够做到物归原位，花在不停找东西上的时间就越少。他们才会发自内心地愿意去做这件事。

孩子只有知道了整理的目的是为了腾出空来，实现真正的梦想，他才会意识到，所做的一切并不是为了应付爸爸妈妈，自己才是行为的主人。

很多小朋友看起来非常散漫，其实只是因为他们还没有找到真正有兴趣去做的事情而已。爸爸妈妈可以帮助孩子一起去寻找。每个孩子的内心，都有他们真正在意的事情，但是因为担心失败了会很丢脸，或者担心爸爸妈妈会嘲笑，有时候不敢表达出来。

我们不妨来问问孩子这样的问题：假如你一定不会失败，你会做什么？或者给孩子完全自由、自己做主的一天，去看看孩子究竟会怎么度过他的时光。

在这个过程中，爸爸妈妈一定要做到，不要对孩子的选择和决定做任何的评价。孩子会选择他最快乐、最有成就感的事情去做。就算他把一整天的时间都用来在电脑前玩游戏，那我们也应该想一想，为什么孩子只能在游戏中获得成就感呢？在平时的学习，和朋友之间的交往中，他为什么无法获得在游戏当中那种能够掌控的感觉呢？

当我们和孩子一起，找到他真正想做的事情之后，就告诉他，爸爸妈妈会为他提供所需的帮助和支持，我们来一起想一想，为了实现梦想，要做哪些事情，把它们一条一条写下来。

电影《当幸福来敲门》里，爸爸和儿子说："如果你有梦想的话，就要去捍卫它。别让别人告诉你你成不了，即使是我也不行。"捍卫梦想的方式，就是去一件一件完成要做的事情，然后亲自把它变成现实。画出理想和现状之间的那条路径，孩子自然就知道，这一刻，现在，应该做什么。

这就是他们迈向自立与自强的第一步。

我的梦想清单

让孩子分享自己现阶段的梦想，越具体越好，写在清单的开头。一起讨论，为了实现这个梦想需要做哪些具体的准备，列在清单的下方。

把清单贴在玄关的位置或者黑板墙上，每完成一项就打勾，让孩子看到自己正在一步一步接近自己的梦想。

我的梦想清单

_____

要做的事	
	☐
	☐
	☐
	☐
	☐
	☐
	☐
	☐
	☐

· 清单 6 ·
节日安排——投入生活的仪式感

当家里乱七八糟的时候，你会不会连那些重要的节日都忘记了？即使想起来，结果看到家里这也乱糟糟，那也满当当，想想还是算了吧，不折腾了。把家里的整理做好之后，你就会发现，节日的布置变得轻松多了，只需要做一些简单的清洁，然后美美地装饰起来就好。

有了孩子之后，我比从前更重视节日了。

家里每个人的生日，我们都要在一起吹蜡烛、吃蛋糕，长大了一岁对每个人来说都是重要的事，接下来的我，应该和从前的我有一些不同了。

圣诞装饰　　　　　　　　　　仓鼠的新年

圣诞节在床头摆上袜子，不管孩子是否猜到背后的真相，反正圣诞老人会悄悄把礼物塞进去，他会知道，自己是一个值得被爱的人。

新年到来，不光我们自己的家要大扫除、贴春联、贴窗花……宠物小仓鼠的家也要帮它装饰一番。

在这样的氛围中长大，小小的孩子也会懂得，生活并不是日复一日无趣的反复，我们可以自己赋予它不同的意义，让它在各种仪式感当中，成为我们一生幸福满满的回忆。

节日安排清单

和孩子一起列出一年中重要的日子，例如新年、劳动节、母亲节、儿童节、父亲节、端午节、中秋节、圣诞节、全家每个人的生日、爸爸妈妈的结婚纪念日……记下它们的日期，然后一起讨论，在这些特别的日子里，要和家人一起做些什么特别的事情，把它们写下来。

把清单贴在家里显眼的位置或者黑板墙上。

节日	日期	我们的安排

慢得刚刚好的生活与阅读

第 8 章 送给妈妈：
和孩子在生活中一起成长

来我们的课堂学习整理的人，90%都是女性，这些女性当中90%都是妈妈。我总是不禁感叹：现在的妈妈，对自我的要求都好高啊！不但要在职场上拼搏，还要学烹饪、学育儿、学美妆，现在还学习整理术，把家里收拾得整洁漂亮。

同样身为母亲的我，其实完全能体会到这一切是多么不易：有了孩子之后，你才会知道什么是真正的忙。妈妈几乎像永不停止的陀螺，在工作、家庭、孩子之间奔波。

教孩子做整理，会不会让我们自己变得更忙？对于这个问题，我想用那句你听过许多遍的话来回答："孩子，是女性的第二次成长。"

为孩子创造一个整洁美好的家庭环境，其实也是为了我们自己去享受它；物品收纳更合理，孩子自己能管理，我们就能节省出帮他们收拾的时间，来做我们想做的事情；教会孩子管理时间、培养自律性和执行力、树立价值观的过程，我们也会从中反思自己，看见自己。

有的时候，仅仅是为了给孩子一个好榜样，我们就会放下手机，拿起书阅读，去和家人聊天交流；会忍住暴躁的脾气，耐心倾听对方说话；会重启对新鲜事物的好奇心，以全新的眼光去看待这个世界。

我们为孩子打造出的"环境之水"，也能反过来滋养我们自己，给我们重新认识自己和改变自己的机会。只要你有一颗对生活充满热情的心，就可以和孩子一起，再成长一次。

给孩子一个美好的背影

一边在厨房里劳作，或者跟在家人后面收拾擦拭，一边怨声载道："都是为了你！我才这么忙这么累！"——习惯性付出，然后又习惯性抱怨，是很多妈妈的常态。在孩子看起来，这样的妈妈真是一点儿也不温柔，一点儿也不可爱。

小的时候，我也不喜欢这样的妈妈。那时候，我看不见妈妈背后的辛苦，只能感受到她对我没有耐心的训斥，还有和爸爸之间因为家庭琐事的争执。我是多么希望，自己的妈妈能像电视剧里演的那些妈妈一样，穿着漂亮的围裙，梳着长发，在厨房里一边唱着歌，一边切好一盘水果，然后转过头笑脸盈盈地对我说："宝贝，来吃苹果啦！"

长大之后，当我自己也成为母亲，才体会到妈妈的不易。每天回到家要做那么多的事情，每一样都是麻烦而琐碎的，每一样都在考验我的耐心。好心情是需要在休息中酝酿的，本来工作就很忙，回到家里又有这么多家务，永远在忙碌中付出，找不到一点儿自己的时间去休息和复原。妈妈本来也是温柔似水的小姑娘，就是在这日复一日的操劳中，渐渐失去了对自己和对家人的耐心，变得脾气暴躁、唠唠叨叨、满腹抱怨。

妈妈自己也不想这样啊！

当我懂得这一切之后，再面对自己的母亲，却突然产生了一种不一样的期待："妈妈，我希望您不想做的事情就可以不要做，去做您觉得开心的事吧。只要能换回您的好心情，我愿意自己去解决掉那些麻烦事。"

我的孩子对我的期待，想必也是如此吧。

不想做饭的时候，就全家出去吃，或者直接叫个外卖；不想打扫的时候，就打电话叫家政保洁上门；不想收拾的时候，就让家里先乱着好了；自己做起来有难度的事情，就直接告诉家人请求帮助；工作特别繁忙的日子里，回到家就大声宣告：我今天很累，请不要打扰我。

我对自己提出了一个要求：为家人做的每一件事情，都必须是带着愉悦的心情去做的；我为家人所有的付出，都必须是心甘情愿的。如果不是，我就要心安理得地拒绝。

至于需要为此付出的代价，那就全家人一起承担：屋子可能乱一些，外卖可能难吃一些，先生要腾出时间帮忙，孩子要学会自己解决问题，再或者，我们要一起努力赚钱来承担其中的经济成本。

我变成了一个在通常意义上说起来有点儿"自私"的妈妈。

但是，这个"自私"的妈妈，却与孩子建立起了更融洽的关系，我很少因为自己的辛苦而对孩子不耐烦，跟先生乱发脾气，也不会让家人感受到，我的各种付出都要从他们身上索取额外的情绪价值。我想，他们宁愿和我一起分担家务的责任，也不想面对那样的我吧。

在孩子眼里，我就是那个听着音乐哼着歌，在厨房里快乐地准备晚餐的妈妈。我希望的是，当他长大之后离开这个家，妈妈留在他心里的就是这样美好的背影。

当个慢半拍的"懒妈妈"

爱整理的我是个不折不扣的急性子。很多时候都没有耐心等待孩子自己慢慢学会，总是赶在他的前面，就已经把可以预见的问题都解决好了。渐渐地我发现，事事想在孩子前面替他解决，不但让孩子失去了面对问题的机会，还让我变得非常焦虑。

还记得孩子刚上幼儿园的那几天，分离焦虑就充满了我的内心。孩子第一次离开我们的身边，独自去到一个陌生的环境。他会不会被忽视？他会表达自己的诉求吗？他会不会冷？会不会饿？会不会不开心？每天送孩子出门，他不情不愿地掉眼泪，我一边努力说服他，一边感到无比不安。

我心神不宁地给孩子穿戴完毕，抱着他下楼。到了楼下孩子走了几步，我低头一看才发现：居然忘了给他穿鞋！看见孩子大冬天穿着袜子站在地上，一脸的茫然，我忍不住笑了出来："天哪，妈妈居然忘了给你穿鞋就下楼了！"孩子低头一看，也哈哈大笑起来。于是我又带着他重新回家穿鞋。那天送他去幼儿园的路上，我们俩一直沉浸在这件"可笑"的失误当中，分离焦虑一扫而空。

试想一下，我们如何能做到事事都替孩子提前考虑到呢？无论多么细心，也总会有一些问题被我们不小心遗漏。就算我们真的能做到事无巨细，他也迟早有一天要离开我们的身边，去到那个没有人提前替他解决掉一切问题的未知的世界。那个时候，孩子怎么办？我又该怎么安心？

不如从现在开始，就"懒"一点儿，"迟钝"一点儿吧。想得不周到，那就和孩子一起承担失误的后果好了。即使预见了一些问题的发生，但只要在安全范围之内，不如就先装聋作哑，等待孩子自己去发现，看他怎么解决。只要孩子能帮上忙的事情，就多多请求他的帮助。

你会发现，能够在爸爸妈妈之前就发现问题，能够依靠自己解决掉问题，甚至能够帮上爸爸妈妈的忙，孩子会感到非常喜悦和满足。

当我放下对自己养育孩子时必须"及时"和"完美"的要求，一切都豁然开朗，一个崭新的世界在我面前打开。

也许以前我们最大的误解，就是想尽一切办法在孩子面前扮演"神"一般的角色，树立至高无上的权威，扮演无所不能的形象。其实孩子更需要明白，爸爸妈妈不是神，我们会犯错误，会有疏忽，会懒惰，会心情不好，会需要他的帮助。我们甚至也不是永远"愿意"并且"能够"替他发现和解决所有

让孩子参与到家事之中

的问题。

所以，我只需要做更好的自己，并且在孩子面前展示最真实的自己就好。对孩子来说，这种真实不但不会令他们感到不安，反而会让他们更加坦然地面对自己可能遇到的各种困境。

妈妈的时间管理之道

我们总是把孩子当作自己"没有时间"的理由，然而孩子最不爱听到的一句话，应该就是"妈妈为了你才没有如何如何"吧。

时间管理被认为是职场人士最重要的技能，但在我看来，自己却是从离开职场成为一名全职妈妈和独立整理师之后，才慢慢理解其中的奥妙。

乱糟糟是正常的

工作和生活就像是人生的跷跷板，踩了这头，就翘起那头，一不小心就没了节奏。再加上孩子，更是乱上加乱。这个时候妈妈们首先要学会的就是接受。那种悠闲自在、始终闲庭信步的节奏不再属于我们，这是一定的！并且，没什么大不了！

不要觉得很有挫败感，自己过得很糟糕，因为生活本来就不是静如止水的，而是一种动态的平衡。

自从开始忙碌整理的工作，陪伴孩子的时间就少了很多，为此我常常感到很焦虑，有时候自己在外面备课，想到家里的孩子，就写不下去了。这个时候就要学会宽慰自己，既然决定要做的事情，就必然会有所牺牲。如果把本来就牺牲掉的时间再浪费在焦虑上而没有发挥出效果，那才是最可惜的。

有的时候会因为来不及收拾，家里被"小魔王"弄得像垃圾场，即使你是像我一样有整理癖，一看见乱糟糟就受不了，也要学会睁一只眼闭一只眼。有了孩子后如果对整洁的要求不适当调整，就会让我们陷入反复的忙碌，这种忙碌很多时候只能算是无用功。孩子一边扔，我们一边收，不如干脆等到孩子睡了，或者闲暇时候再来做。

调整顺序

去年年初我重新改造了自己的家，顺便也改造了自己的生活流程。把总是因为工作而耽误的读书和锻炼这两件事，安排在了每天的最开始。七点多把孩子送出家门后，回到被窝里看半个小时书，锻炼半个小时，吃早餐，洗澡，再开始一天的工作。

这样改变顺序之后，感受比预期的还要好，因为它根本不用消耗什么意志力：一大早返回被窝看书非常舒服，大脑清醒之后，用锻炼唤醒身体也很自然，饱餐一顿加上一个热水澡，每天开始工作的时候都能量满满……而这个时候不过才九点，也正好是我以前上班的时候开始一天工作的时间，即使是要出门办事的日子，也完全来得及。这就保证了我大部分时候都能执行这样的计划。

想做的事情内容并没有变化，仅仅是调整了顺序，把更重要、时长更固定的事情放在了最前面，而不是每天都从处理最紧急的、时间无法估计的"救火工作"开始。

可以有例外

小山龙介在他《整理的艺术》一书中说过："不断尝试新鲜的体验，带着惊奇，有声有色地度过每一天。"这正是我期待的，花费掉我这一生时间的方式。

因此，即使再繁忙的日子，遇到自己特别有兴趣的活动，我也会放下手头的工作，去玩耍一会儿。事情是做不完的，给自己补充一些能量之后再继续工作，效率反而大大地提高了。有时候遇到阴雨天，我也会早晨在床上多看一会儿书，把锻炼临时转移到下午进行。

偶尔熬夜看个电影，偶尔睡个懒觉，偶尔让屋子乱着不收拾……正是这种"例外"，让我更有动力去自律。管理好自己的时间做好该做的事情，就是为了让自己坦然享受这些"例外"的时光。

我不喜欢每时每刻都自称很"忙"的状态，因为这并不代表我有多么厉害，而是意味着我在被时间遛着走。管理好时间，不是为了极端地算计每分每秒，而是为了给自己的生活增加更多选择的主动权。

做个统筹大师

要做家务，又要工作，还要照顾孩子……对我来说，每时每刻都在进行着各种任务的统筹。规划整理当中的"俯瞰"就是统筹的好方法：开始做第一件事情之前，先过一遍你要做的所有事情。

早晨在书桌坐下之前，我会先把冷冻的肉类从冰箱拿出来，这样做饭的时候就不用等；把扫地机器人打开，我工作的时候它也工作，我工作完了家里也干净了；下午出门接孩子之前，先把米饭做上；遇到要出门的日子，就在工作地点附近的咖啡馆办公一会儿，等接上放学的孩子再一起回家，节省路途往返的时间；晚上睡觉之前，和孩子一起把玩具归位，准备好第二天的衣服；给孩子讲完故事，躺下陪他睡觉的时候，我会打开手机里的音频，一边听书一边慢慢入睡。

不要等到一件事情到了不得不做的时候，才为它做准备，提前思考和规划，就能避免无谓的等待和浪费。

提升单位时间的价值

《就因为没时间，才什么都能办到》的作者吉田穗波女士，给了职场妈妈们这样的建议：挤出时间做什么，比挤出时间本身更重要。

同样是一分钟，怎么用得更有价值、更精确？结果完全不同。人生只有一次。一件一件按顺序来，不够实现那么多理想。当她听见有人因选 A 还是选 B 烦恼时，会毫不犹豫地建议，"先别考虑'or（或者）'，想想看有没有'and（和）'的方法吧！"

于是，她在工作、带娃、怀孕的同时准备留学，上下班地铁的路上复习功课，一边晾衣服一边思考如何回邮件。

当了妈妈之后，我也不知不觉地会采用这种"and"的方法。

比如，宝宝喜欢我陪他在床上做各种翻滚、跳跃的游戏，我就偷偷利用起来做锻炼，一边躺着蹬腿一边跟宝宝说："上坡啦骑不动啦，快给妈妈加油，到啦，马上就到海边啦，快下车去捡贝壳吧！"宝宝在这个游戏中玩得特别开心，我也顺道完成了小小的运动和健身；网络上的整理课程，我基本上都是利用开车时间听完的；在健身房跑步游泳的时候，也常常在琢磨微信公众号文章的内容，几公里跑下来，文章也已经在脑子里准备得差不多了。

时间是一种神奇的东西，我们改变不了它的长度，一秒钟都不行，但是它的密度，一旦灵活利用起来，感觉自己就像"额外赚到了"一样！

用钱买时间

如果自己完成不了的事情，要寻求帮助，除了求助于家人，还有一种更简单的方法，就是用钱买时间。请保洁阿姨，请做饭保姆，请整理师来帮忙整理房间……这些没

和孩子一起成长

有什么丢人和愧疚的。

妈妈自己如果时间很有限，就更应该把宝贵的时间都用来做"不能被替代的事"——陪伴和教育孩子。

在这一点上，我也是很有感触的。自从生活变得忙碌起来，我就很少在买东西上花太多时间了。超市不逛了，生活用品基本都是快递到家；同样的东西就选择大品牌旗舰店直接下单，也不太花时间去搜索价格和反复比对；出门办事选择停在门口的收费车位，而不是距离很远的免费车位，这样我可以晚二十分钟出门，早二十分钟到家……节约下来的，都是可以陪伴孩子的"不可替代"的时间。满足了当妈妈的存在感，再把其他时间用来看书和学习。

一个女人活成什么状态，跟她有没有当妈妈并没有绝对的关系。时光流逝，她可以从一个活得丰富精彩的少女，变成一个活得丰富精彩的老太婆。而妈妈，只是其中的一个角色而已。

我们除了当好"妈妈"这个重要的人生角色，更要把这辈子活成自己喜欢的模样。只要我们足够想，就一定能做得到。我们的孩子，也希望看见一个把时间安排得游刃有余、把日子过得多姿多彩的妈妈，作为他们人生的榜样。

究竟是谁有了困扰呢

在这本书前面所有的内容里，我跟大家分享了自己在教孩子做整理上的各种心得，只要从空间、物品、人三个方面入手，搭建适合孩子整理的环境，采用对孩子友好的收纳方式，用对指导和沟通的法则，孩子就能学会整理、养成爱整理的好习惯。

但是我相信依然会有很多妈妈，在实践了所有的方法之后发现：有时候还是不行，怎么努力都不行……

是时候提出那个最重要的、也许你从来都没有想过的问题了!

"这本书会出现在你的手中,究竟是谁有了困扰呢?"

是孩子?还是我们自己?

情形 1　孩子觉得有困扰

孩子说东西太乱了,没有办法玩耍,或者房间不漂亮,不能招待小伙伴。但妈妈自己觉得还好,对自己没什么影响。

这个时候妈妈的角色应该是"协助者",去帮助孩子找到自己的目标,然后提供一些方法和支持,协助他解决掉自己的困扰就好了。

作为协助者,最重要的就是不要用自己的目标去代替被协助者的目标,孩子觉得怎么样好就怎么做,孩子觉得没问题了就停止。

情形 2　妈妈觉得有困扰

孩子自己玩得很开心,但妈妈看着乱七八糟的房间,感到心烦意乱,迫切想要把

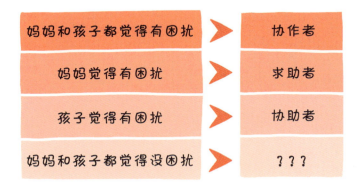

困扰四选项

它变得干净整齐。

这个时候，妈妈的角色其实是个"求助者"。

作为求助者，就不能理所当然地去要求对方："你怎么就不能收拾一下？"而是要心平气和地表达自己的诉求："你的玩具扔在餐桌上，没有办法准备晚餐了，妈妈觉得很烦恼。"

你是不是觉得这样的请求会无效呢？试试看吧！要知道，在孩子看来，相比于"按照妈妈要求的去做"，他们其实更喜欢"能够帮助妈妈解决问题"呢。

情形 3　妈妈和孩子都觉得有困扰

孩子自己觉得乱糟糟受不了了，妈妈也有同感。那就两个人一起相互支持和配合，撸起袖子加油干吧。

情形 4　妈妈和孩子都觉得没困扰

孩子自己觉得挺好，妈妈也觉得挺好，但就是想了解一下有没有更好的方法。那就跟孩子一起学习，一起进步吧。但千万不要把它变成了对孩子的强制要求——我们本来好好的，并没有任何问题，不是吗？

所以，你现在是处在哪个角色当中呢？

在我的亲子整理课堂上，面对这四个选项，绝大部分的妈妈都选了第 2 条：妈妈觉得有困扰。所以，如果你也是站在了这里，可千万别忘了，我们是个"求助者"的角色，态度要好一点儿哦！

事实上，在看到这个结果的那一瞬间，在场的妈妈们就全都一改愁容，轻松大笑了起来。明明家人和孩子都挺开心的，我们这是何苦自寻烦恼呢？

所以，如果你问我，无论怎么做，孩子就是不想整理怎么办？在这里给大家分享一张"永远有效"的路径图，无论你怎么走，都可以走到终点。

教孩子做整理这件事，只要我们尝试过，就一定会对孩子产生正面的影响。相比于一个整洁的房子，和谐亲密的亲子关系和充满了欢声笑语的生活，才是家最理想的样子。不是吗？

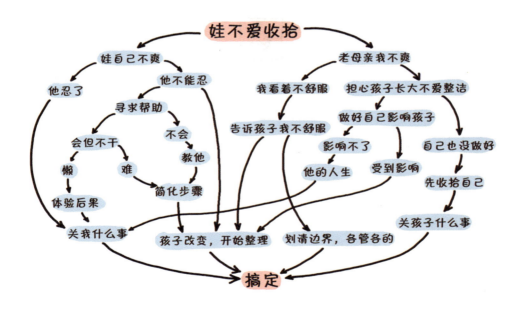

永远有效的路径图